Impressum
Verlag: BABADADA GmbH, Nedderfeld 112 , 22529 Hamburg
Geschäftsführer / Verlagsleitung: Harald Hof
Druck: Books on Demand GmbH, In de Tarpen 42, 22848 Norderstedt

Imprint
Publisher: BABADADA GmbH, Nedderfeld 112 , 22529 Hamburg, Germany
Managing Director / Publishing direction: Harald Hof
Print: Books on Demand GmbH, In de Tarpen 42, 22848 Norderstedt

בית ספר

sukuu

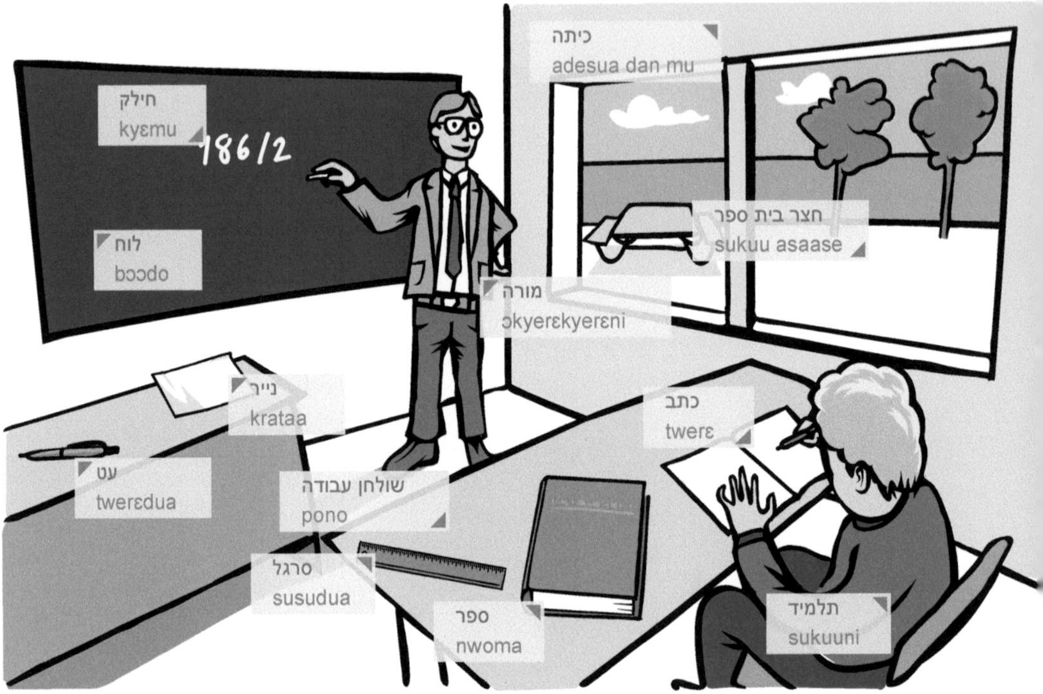

כיתה
adesua dan mu
חילק
kyɛmu
186/2
לוח
bɔɔdo
חצר בית ספר
sukuu asaase
מורה
ɔkyerɛkyerɛni
נייר
krataa
כתב
twerɛ
עט
twerɛdua
שולחן עבודה
pono
סרגל
susudua
ספר
nwoma
תלמיד
sukuuni

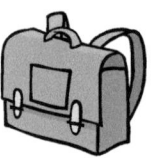

ילקוט

baage

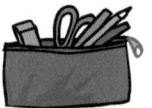

קלמר

adeɛ wɔde twerɛdua hyɛ mu

עיפרון

twerɛdua

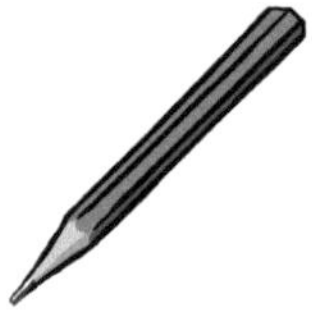

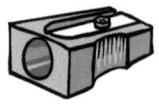

מחדד

adea wɔde sensene twerɛdua ano

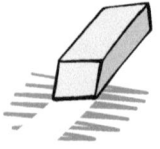

גומי מחיקה

rɔba

חוברת סרטוט

drɔɔwin nkrataa

סרטוט

droɔwɔ

מברשת

adeɛ a wode bɔ akaadoo mu

קופסת צבעים

akaadoo adaka

מספריים

cosedɛ

דבק

aduro a wode sɔ nnooma bɔ mu

ספר תרגול

krataa wɔyɛ dwumadie wɔ mu

שיעור בית

efie adwuma

12

מספר

nɔma

2+2

חיבר

ka bom

5-2

חיסר

te frim

2×2

הכפיל

fabaho

חישב

bo ho nkonta

A

אות

atwerɛdeɛ

ABCDEFG
HIJKLMN
OPQRSTU
VWXYZ

אלפבית

atwerɛdeɛ

hello

מילה

asɛm

טקסט
atwerɛ

קרא
kan

גיר
chalk

שיעור
adesua

יומן נוכחות
krataa a din ahodoɔ wɔ mu

מבחן
nsɔhwɛ

תעודה
nimdeɛ krataa

תלבושת בית ספר
sukuu ataadeɛ

חינוך
adesua

אנציקלופדיה
encyclopedia

אוניברסיטה
suapon kɛseɛ

מיקרוסקופ
afidie a wɔde hwɛ adeɛ
aniwa ntumi nhunu

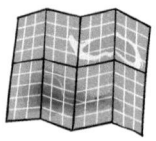

מפה
asaase mfonin a ɛwɔ krataa
so

סל נייר
kɛntɛn a wɔde krataa na ayɛ
a wɔde nwura gu mu

נסיעה

akwantuo

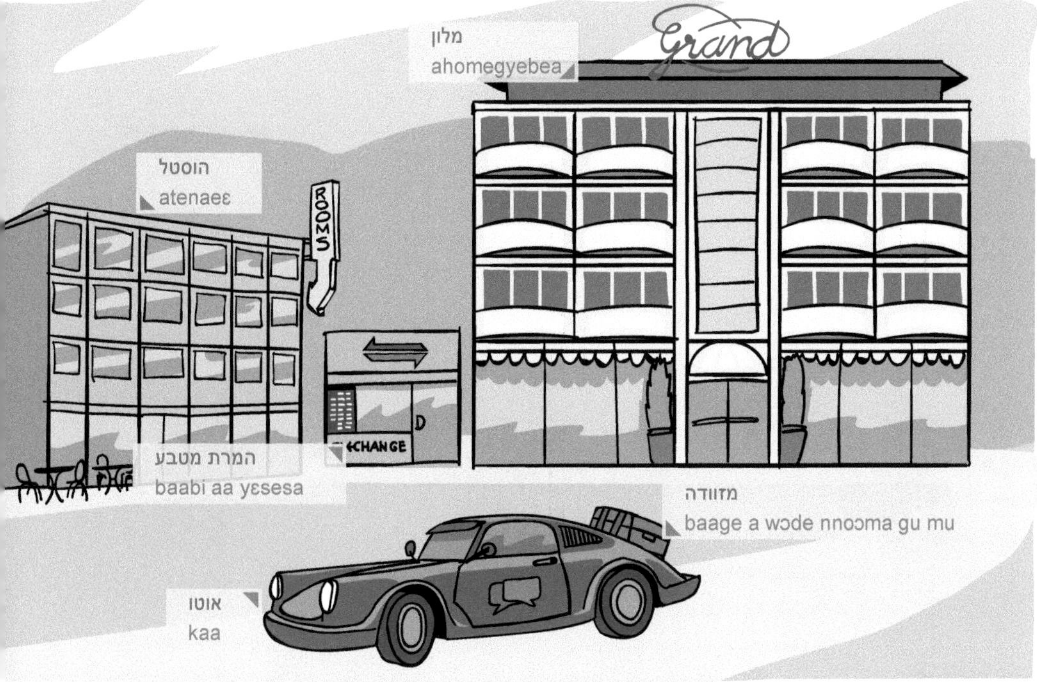

מלון
ahomegyebea
Grand
הוסטל
atenaeɛ
ROOMS
CHANGE
המרת מטבע
baabi aa yɛsesa
מזוודה
baage a wɔde nnoɔma gu mu
אוטו
kaa

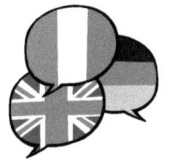

שפה

kasa

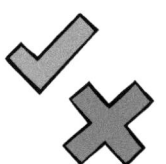

כן / לא

aane / daabi

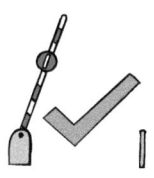

בסדר

Yoo

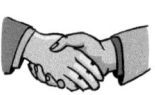

שלום

hɛlo

מתרגם

deɛ wɔkyerɛkyerɛ kasa ase

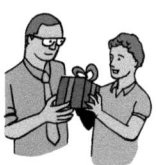

תודה

Medaase

כמה עולה.....?

ɛyɛ sɛn? …

אני לא מבין

Menteaseɛ

בעיה

ɔhaw

ערב טוב!

Maadwo!

בוקר טוב!

Maakye!

לילה טוב!

Da yie!

להתראות

nante yie

כיוון

akwankyerɛ

כבודה

nnɔɔma a wɔde tu kwan

תיק

kɔtɔkuo

תרמיל גב

baage a yɛde bɔ yakyi

אורח

ɔhɔhoɔ

חדר

danmu

שק שינה

bag a yɛda mu

אוהל

ntomadan

מרכז מידע לתיירים

adesrafoɔ nsɛm

חוף ים

po ano

כרטיס אשראי

krɛdit kaade

ארוחת בוקר

anopa aduane

ארוחת צהריים

awia aduane

ארוחת ערב

anwumerɛ aduane

כרטיס

tikiti

מעלית

pagya

בול

agyinahyɛdeɛ

גבול

ɛhyeɛ

מכס

adwumayɛfoɔ a wɔgyina
aman mmienu hyeɛ so

שגרירות

ɔman bi asoeɛ

אשרה

akwantuo krataa

דרכון

akwantuo krataa

תחבורה

ɛhyɛn

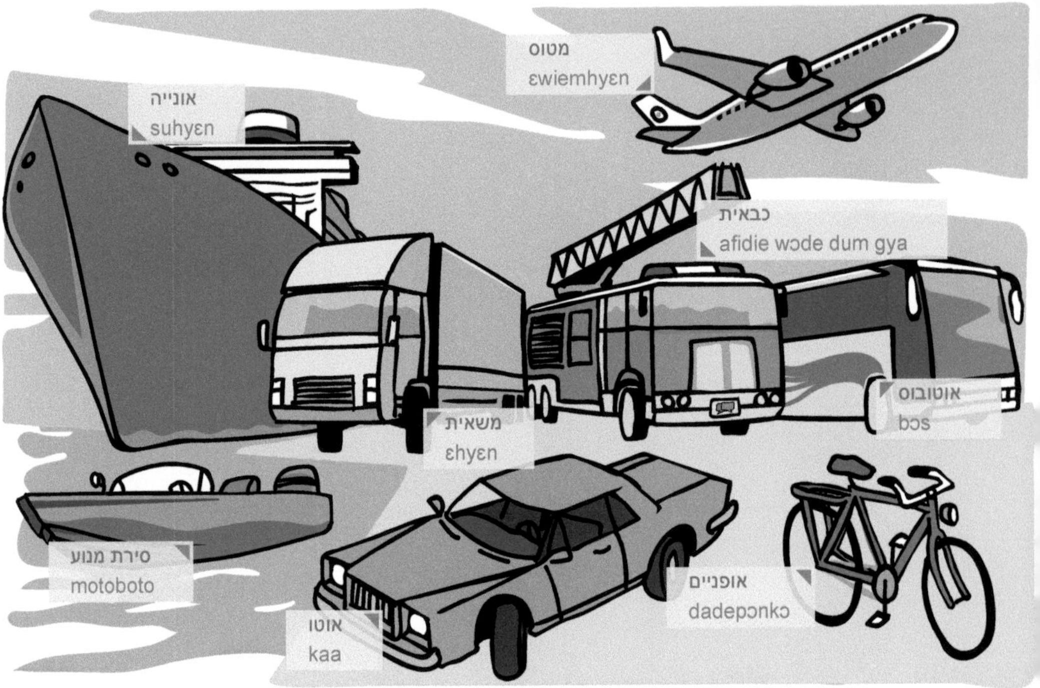
מטוס
ɛwiemhyɛn
אונייה
suhyɛn
כבאית
afidie wɔde dum gya
אוטובוס
bɔs
משאית
ɛhyɛn
סירת מנוע
motoboto
אופניים
dadepɔnkɔ
אוטו
kaa

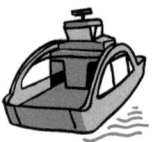

מעבורת

subonto

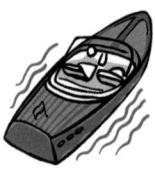

סירה

suhyɛn

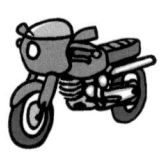

אופנוע

dadepɔnkɔ

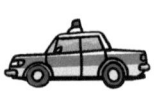

ניידת משטרה

apolisifoɔ kaa

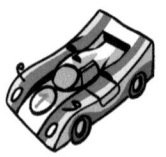

מכונית מרוץ

kaa a wɔde si akan

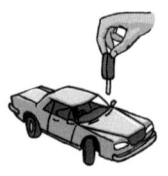

רכב שכור

hyɛn aa yɛ hain

מכוניות בשיתוף

kaa a wɔde ma obi de di dwuma

אוטו גרר

kaa a wɔde twe ɛhyɛn a asɛɛ

משאית זבל

bɔɔla kaa

מנוע

moto

דלק

ngo

תחנת דלק

beaɛ a wɔtɔn pɛtro

תמרור

trafik ahyɛnsodeɛ

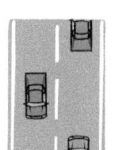

תנועה

trafik

פקק תנועה

ɛhyɛn ntumi nkɔ ntɛm

חניה

kaa gyinabea

תחנת רכבת

keteke steshin

פסי רכבת

ketekye kwan

רכבת

ketekye

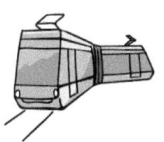

רכבת קלה

ketekye

קרון

afidie a wɔtena mu wɔ wiem tu kwan

מסוק

ewiemhyɛn

שדה-תעופה

dadeɛanoma gyinabea

מגדל

dan tentene

נוסע

obi a wɔforo hyɛn

קונטיינר

adaka

קרטון

adaka

עגלה

teaseɛnam

סל

kɛntɛn

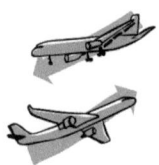

המראה / נחיתה

tu / si fam

עיר

kuropɔn

כפר

akurase

מרכז העיר

kuropɔn hyiabea

בית

efie

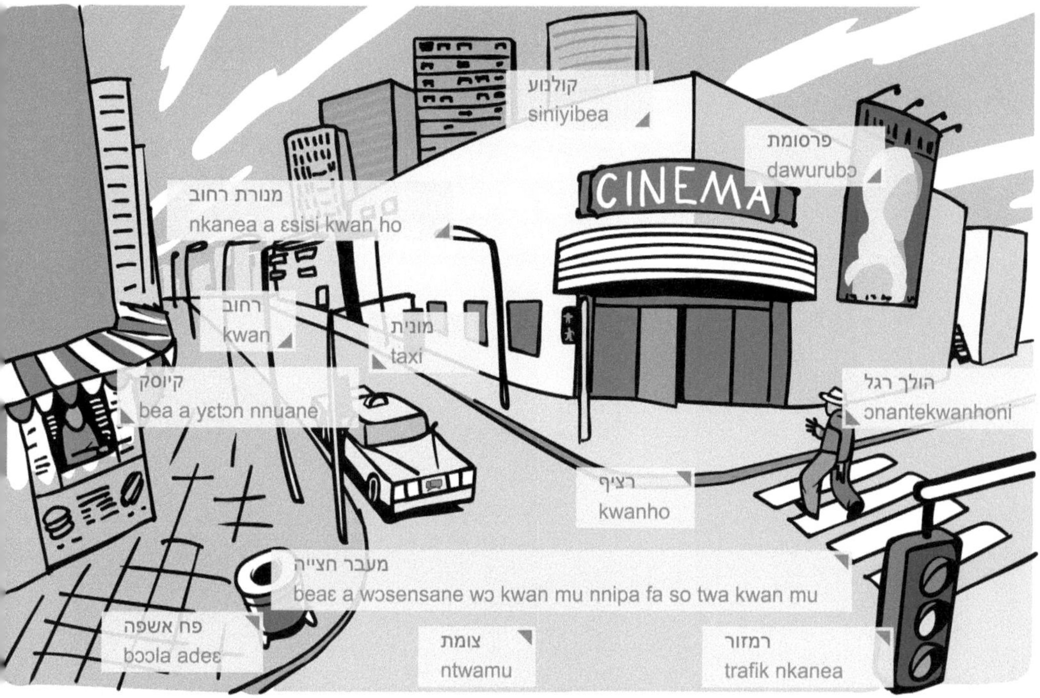
קולנוע
siniyibea
פרסומת
dawurubɔ
CINEMA
מנורת רחוב
nkanea a ɛsisi kwan ho
רחוב
kwan
מונית
taxi
קיוסק
bea a yɛtɔn nnuane
הולך רגל
ɔnantekwanhoni
רציף
kwanho
מעבר חצייה
beaɛ a wɔsensane wɔ kwan mu nnipa fa so twa kwan mu
פח אשפה
bɔɔla adeɛ
צומת
ntwamu
רמזור
trafik nkanea

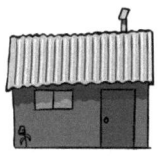

בקתה

ntaabodan

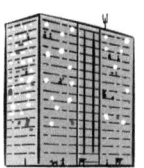

דירה

tenabea

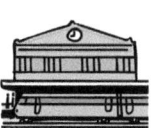

תחנת רכבת

keteke steshin

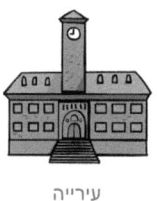

עירייה

kurom nhyiadanmu

MUSEUM

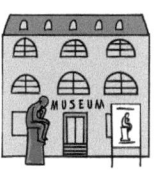

מוזיאון

mesiɔm

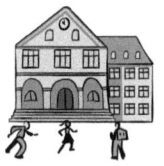

בית ספר

sukuu

אוניברסיטה

suapon kɛseɛ

בנק

sikakorabea

בית חולים

asopiti

מלון

ahomegyebea

בית מרקחת

orun nctw a 3aɛ a woton nnuro

משרד

ɔfise

חנות ספרים

beaɛ a wɔtɔn nwoma

חנות

beaɛ a wɔtɔn adeɛ

חנות פרחים

nhwiren kuani

סופרמרקט

dwakɛseɛmu

שוק

dwamu

כל-בו

cɔtɔs 3aoɛ sotɔɔ

מוכר דגים

nnam tɔnfo

קניון

adetɔ beaɛ

נמל'

suhyɛn gyinabea

פארק

agodibea

ספסל

akonnwa

גשר

nsamsɔ

מדרגות

adeɛ wɔee foro aborosan

רכבת תחתית

asaasease

מנהרה

tɔkuro a w'atu no asaase
mu de ayɛ kwan

תחנת אוטובוס

ɛhyɛn gyinabea

בר

nsanombea

מסעדה

adidibea

תא דואר

krataa adaka

שלט רחוב

kwan ahyɛnsodeɛ

מדחן

kaagyinaho meta

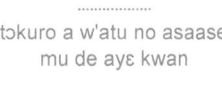

גן חיות

mmoakurabea

בריכת שחיה

nsuo a wɔdware mu

מסגד

masalakyi

חווה
afuo

זיהום
ewiem sɛɛɛ

בית עלמין
nsamanpɔ mu

כנסייה
asore

מגרש משחקים
agodibea

בית מקדש
hyiadan

נוף

asaase

עלה
ahaban

תמרור
akyerɛkyerɛkwan

דרך
kwan

מרעה
sare asaase

אבן
boba

עץ
dua

מטייל
pipo so foronii

נהר
asubɔntene

דשא
nsensan

פרח
nhwiren

בקעה

ɛbɔnɛ

הר

bepɔ

אגם

sutadeɛ

יער

kwaeɛ

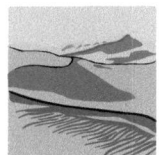

מדבר

ɛserɛ so

הר געש

egya a ɛfiri bepɔ mu ba

טירה

ahenfie

קשת בענן

nyankontɔn

פטריה

mmire

דקל

abɛdua

יתוש

ntontom

זבוב

wasena

נמלה

ntatea

דבורה

wowa

עכביש

ananse

חיפושית

kukurubibi

צפרדע

apɔnkyerɛnee

סנאי

opuro

קיפוד

kotoko

ארנב

adanko

ינשוף

patuo

ציפור

anomaa

ברבור

dabodabo

חזיר בר

kɔkɔte

צבי

wansane

אייל הקורא

torɔm

סכר

sutadeɛ

טורבינת רוח

mframa tɛɛbain

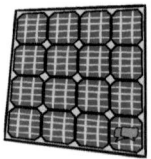

פנל סולארי

adeɛ ɛtwe anyinam ahoden
firi awia mu

אקלים

ewiem

מסעדה
adidibea

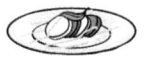

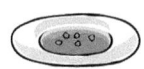

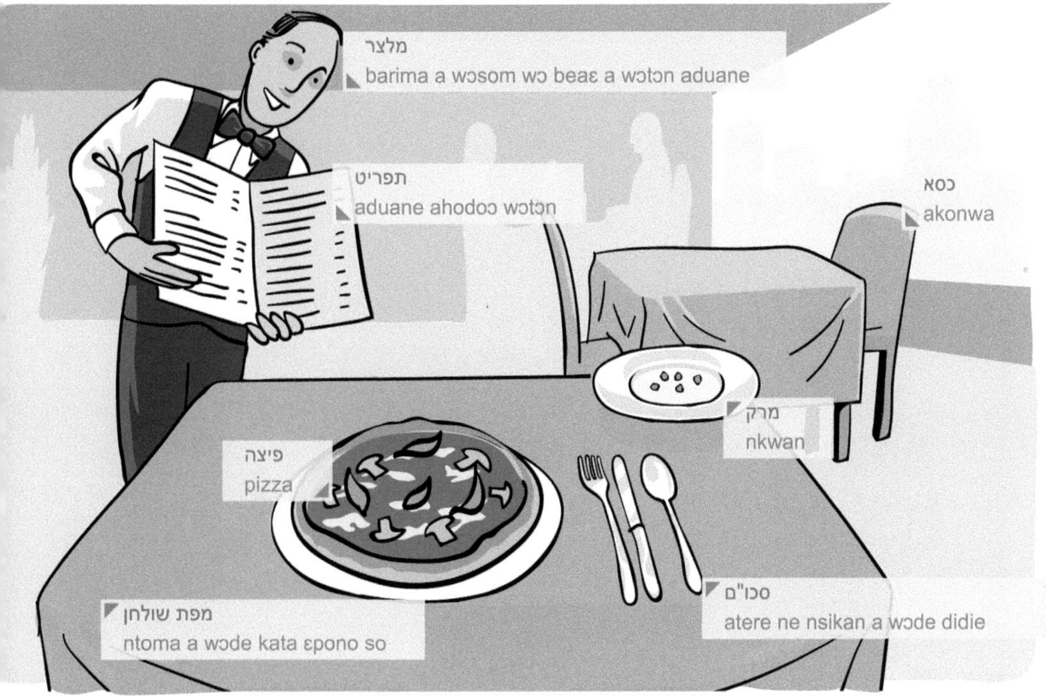

מלצר
barima a wɔsom wɔ beaɛ a wɔtɔn aduane
תפריט
aduane ahodoɔ wɔtɔn
כסא
akonwa
מרק
nkwan
פיצה
pizza
מפת שולחן
ntoma a wɔde kata ɛpono so
סכו"ם
atere ne nsikan a wɔde didie

מנת פתיחה

ahyɛaseɛ

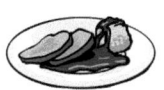

מנה עיקרית

aduane titriw

קינוח

nnɔkɔnnɔkwade

שתיות

nsa

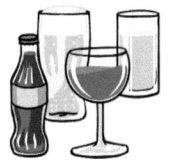

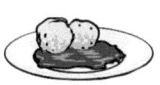

אוכל

aduane

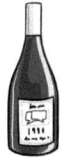

בקבוק

toa

מזון מהיר

aduane wɔyɛ no ɔhare so

אוכל רחוב

aduana a ɛyɛ kwan ho

קנקן תה

tea kukuo

מסכרת

asikyire kyɛnsen

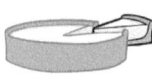

מנה

fa

מכונת אספרסו

espresso afidie

כסא תינוק

akonwa tenten

חשבון

ka krataa

מגש

apanpan

סכין

sikanmoa

מזלג

adinam

כף

atere

כפית

tea atere

מפית

ntoma a wɔde sɛ pono so

כוס

ahwehwɛ

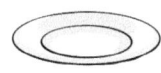

צלחת

plɛɛte

קערת מרק

nkwan plɛɛte

תחתית

plɛte ketewa

רוטב

frɔyɛ

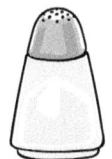

מלחייה

nkyene kukuo

מטחנת פלפל

adeɛ a wɔde twi mako

חומץ

vinegar

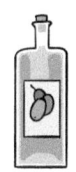

שמן

aŋwa

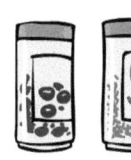

תבלינים

atosodeɛ

קטשופ

ketchup

חרדל

sinapi aba

מיונז

mayonis

סופרמרקט

dwakɛseɛmu

מבצע
akwanya soronko
FOR
לקוח
obi a wɔtɔ wadeɛ
מוצרי חלב
milikyi nnuane
פירות
nnuaba
ɛtɔ adeɛ pia berɛ a wɔretɔ adeɛ

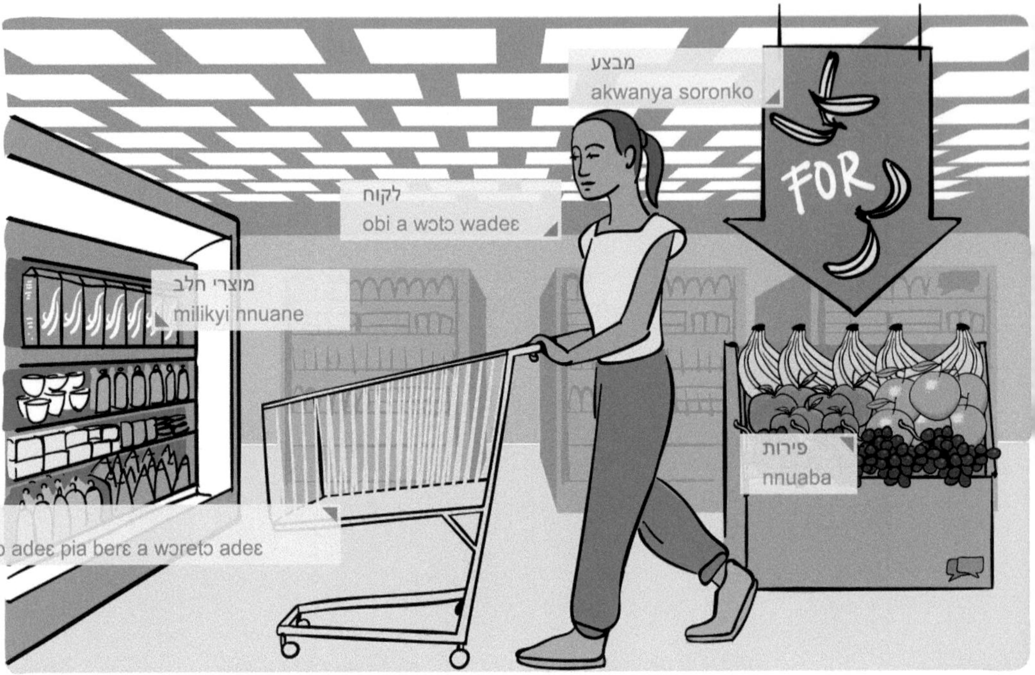

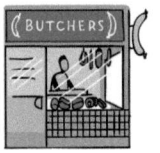

BUTCHERS

אטליז

nnamtwafo

BAKERY

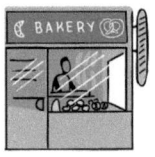

מאפייה

brodotofo

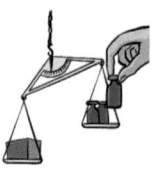

שקל

susu

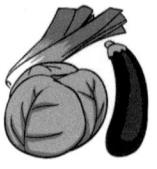

ירקות

atosodeɛ

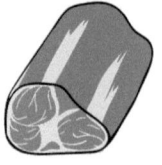

בשר

nnam

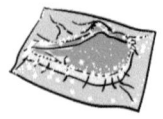

מזון קפוא

aduane a wɔde ahyɛ sukɔtwea adaka mu

בשר קר

nnam a yɛy nwunu

שימורים

nnuane a ɛwɔ konku mu

אבקת כביסה

aduro a wɔde si nnooma

ממתקים

adɔkɔkɔdɔkɔdeɛ

מוצרי בית

efie nnooma

חומר ניקוי

nnuro a wɔde hohoro
nnooma ho

מוכרת

adetɔni

קופה

adeɛ a wɔgye sika de gu mu

קופאי

obi a wɔhwɛ sika so

רשימת קניות

nnooma a wobɛtɔ

שעות פתיחה

mmerɛ a ɔmo de bue

ארנק

kotokuo

כרטיס אשראי

krɛdit kaade

תיק

bɔtɔ

שקית ניילון

rɔba bɔtɔ

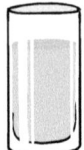

מים

nsuo

מיץ

aduaba mu nsuo

חלב

milikyi

קולה

coke

יין

ⴖsa

בירה

beer

אלכוהול

nsaden

קקאו

kookoo

תה

tea

קפה

kɔfe

אספרסו

espresso

קפוצ'ינו

cappuccino

בננה
kwadu

תפוח
aprɛ

תפוז
akutuo

אבטיח
mɛlɔn

לימון
akutuo

גזר
karɔt

שום
galeke

במבוק
mpampuro

בצל
gyeene

פטריות
mmire

אגוזים
nkateɛ

אטריות
talia

ספגטי

talia

אורז

εmo

סלט

salad

צ'יפס

kyips

צ'יפס

aborodwomaa w'akye

פיצה

pizza

המבורגר

hamburger

כריך

sandwiɔh

שניצל

ntwetwade

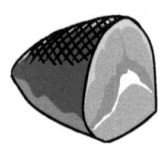

שינקין

prɛko nam

סלאמי

salami

נקניקיה

sɔsegye

עוף

akokɔnam

טיגון

toto

דג

nsuomunam

שיבולת שועל

oats koko

מוזלי

muesli

קורנפלקס

cornflakes

קמח

esam

קרואסון

croissant

לחמנייה

brodo a yabobɔ

לחם

brodo

טוסט

ho

עוגיות

biskit

חמאה

bɔta

גבינה לבנה

koko

עוגה

ɔfam

ביצה

kosua

ביצת עין

kosua a yakye

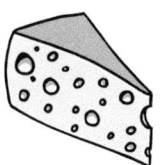

גבינה

kyeese

גלידה

ise krim

סוכר

asikyire

דבש

ɛwoɔ

ריבה

ɛam

ממרח נוגט

kyɔkolate a wɔde yɛ aduane mu

קארי

kɔri

בית חווה
kuafie

אסם
aduanekorabea

חבילת שחת
um ɔba abɔ waka a owa a ahaban

שדה
asaase

סוס
pɔnkɔ

עגלת נגרר
ahyɛnkɛseɛ

סייח
pɔnkɔ ba

טרקטור
trata

חמור
afunumu

כבש
odwan

טלה
odwan ba

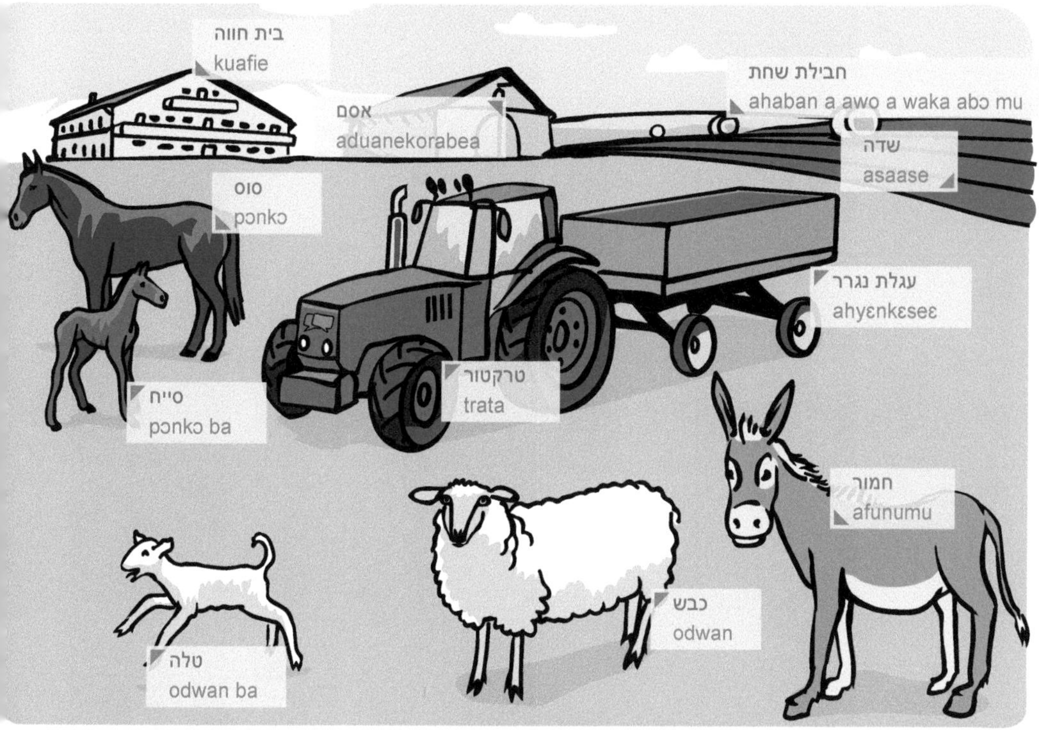

עז

apɔnkye

פרה

nantwie

עגל

nantwie ba

חזיר

prɛko

חזרזיר

prɛko ba

שור

nantwinini

אווז

dabodabo

ברווז

dabodabo

אפרוח

akokɔba

תרנגולת

akokɔbedeɛ

תרנגול

akokɔnini

חולדה

akura

חתול

agyinamoa

עכבר

akura

שור

nantwi

כלב

ɔkraman

מלונה

kramanfie

צינור השקיה

drobɛn a wɔde nsuo fa mu
gugu nnɔɔma so

קנקן מים

toa wɔde nsuo gu mu de
gugu nnɔɔma so

חרמש

kantankrankyi

מחרשה

afidie a wɔde funtum
asaase ani

28　　　　　afuo - חווה

מגל

sɔsɔwa

מגרפה

asɔ

קלשון

fɔɔki kɛseɛ

גרזן

akuma

מריצה

hweebaro

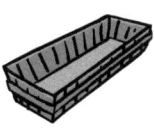

שוקת

adea mmoa didi mu

כד חלב

milikyi konku

שק

kotoku

גדר

ɛban

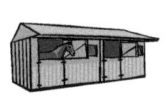

אורווה

mmoa dan

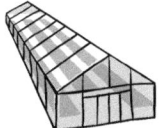

חממה

nnuaba dan mu

אדמה

anwea

זרע

aba

דשן

nnuro a wɔde gu mfudeɛ ho

מקצרה

nnuanetwa kaa kɛse

קצר

twa

קציר

mfudeɛ

בטטה אפריקנית

bayerɛ

חיטה

ayuo

סויה

soya

תפוח אדמה

aborɔdwomaa

תירס

aburo

קנולה

rapedua aba

עץ פירות

aduaba dua

קסבה

bankye

דגנים

aburo aduane

ארובה
εdan a wisie firi n'apampam ba

גג
coscomm nbɛ3

מרזב
droben a nsuo fa mu

חלון
mpoma

מוסך
εdan a wokora ka

פעמון
adɔma a ɛsɛn εpono ano

דלת
εpono

פח אשפה
adeɛ a wɔde bɔɔla gu mu

תיבת מכתבים
krataa adaka

גינה
turo

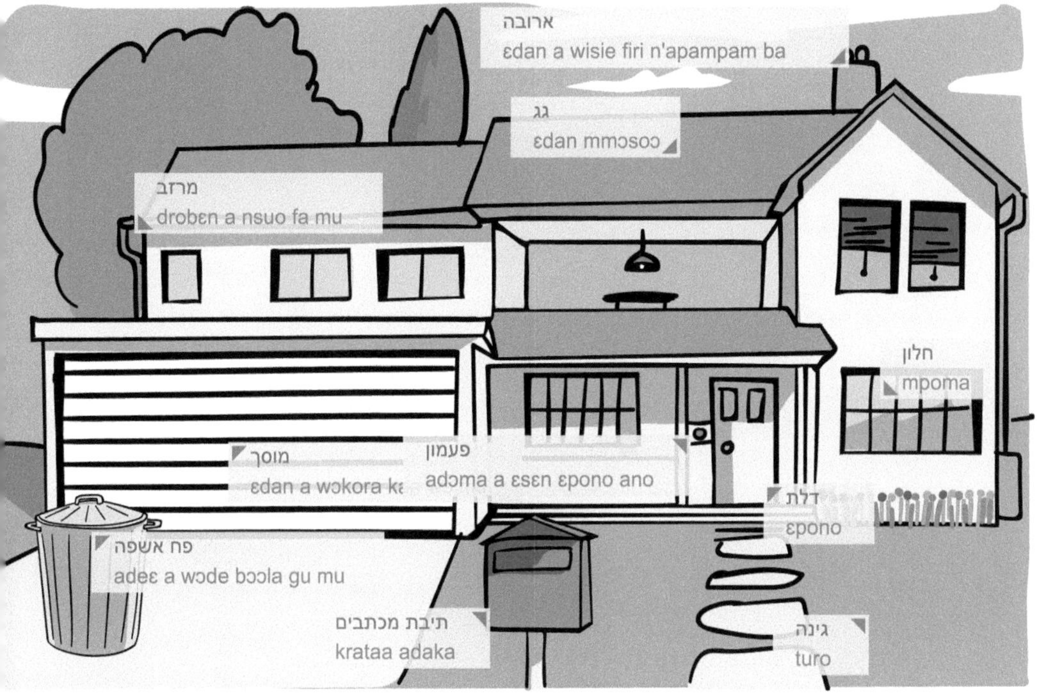

סלון
εdan a wɔtena mu

חדר אמבטיה
adwareɛ

מטבח
gyaade

חדר שינה
piam

חדר ילדים
abɔfra dan mu

חדר אוכל
εdan a wɔdidi wɔ mu

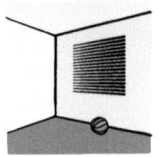

רצפה

fam

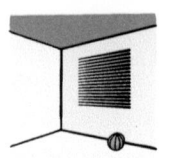

קיר

ɛban

תקרה

siilin

מרתף

ɛdan a ɛhyɛ fam

סאונה

beaɛ a wɔkɔto hyew

מרפסת

pɔɔkye

מרפסת

asaase a wafuntum na
wɔde dua nnɔbaeɛ

בריכה

nsuo a wɔdware mu

מכסחת דשא

afidie a wɔde dɔ

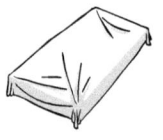

סדין

krataa

כיסוי מיטה

cɔsann

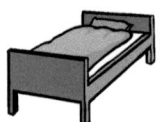

מיטה

mpa

מטאטא

praeɛ

דלי

bɔkiti

מפסק

deɛ wɔde sɔ kanea

ɛdan a wɔtena mu

טפט
mfonin a wɔde fam dan ho

תמונה
mfoni

מנורה
kanea

מדף
beaɛ wɔkora nwoma

ארון
kɔbɔd

אח
beaɛ egya wɔ

טלוויזיה
tɛlɛfishin

פרח
nhwiren

כרית
kushin

ספה
akonwa

אגרטל
nhwiren toa

שלט רחוק
remotu

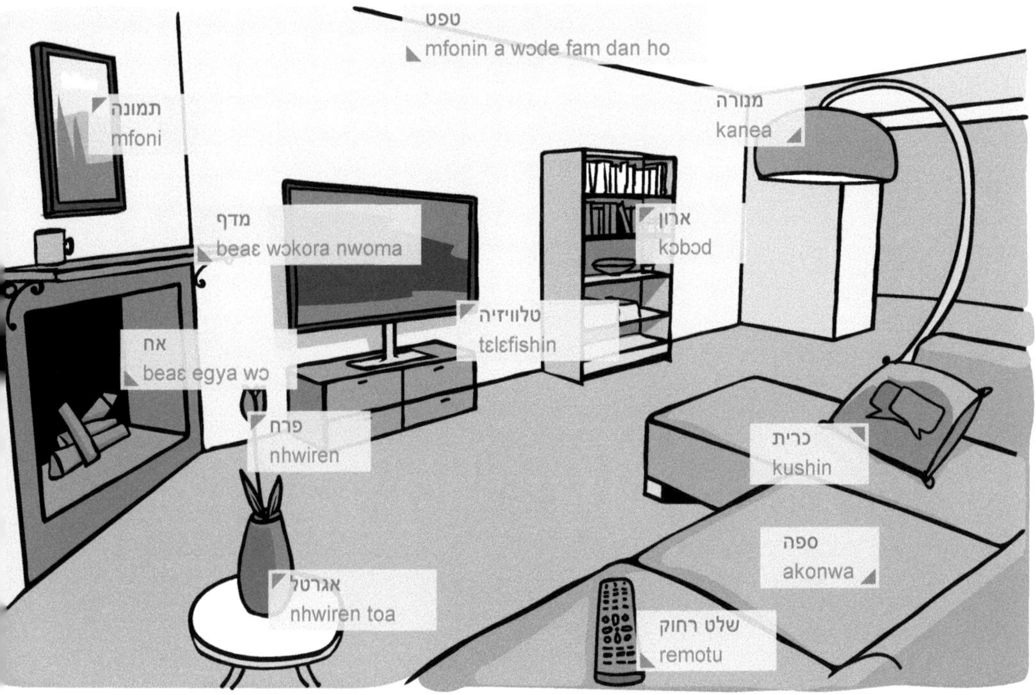

שטיח
....
kapɛt

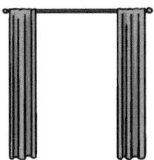

וילון
....
kɛtin

שולחן
....
pono

כסא
....
akonwa

כיסא נדנדה
....
akonwa aa ɛkɔ anim ne akyi

כורסה
....
nsaakonwa

ספר

nwoma

שמיכה

kuntu

דקורציה

beaɛ asiesie

עצי הסקה

egya

סרט

mfoni

מערכת סטריאו

hi-fi afidie

מפתח

safoa

עיתון

dawurubɔ krataa

ציור

akaado

פוסטר

mfoni

רדיו

akasanoma

מחברת

nwoma a wɔtwerɛ nsɛmpɔ gu mu

שואב אבק

afidie a wɔde pra mfuturo

קקטוס

cactus

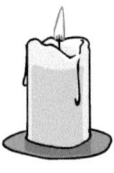

נר

kandele

מטבח
gyaade

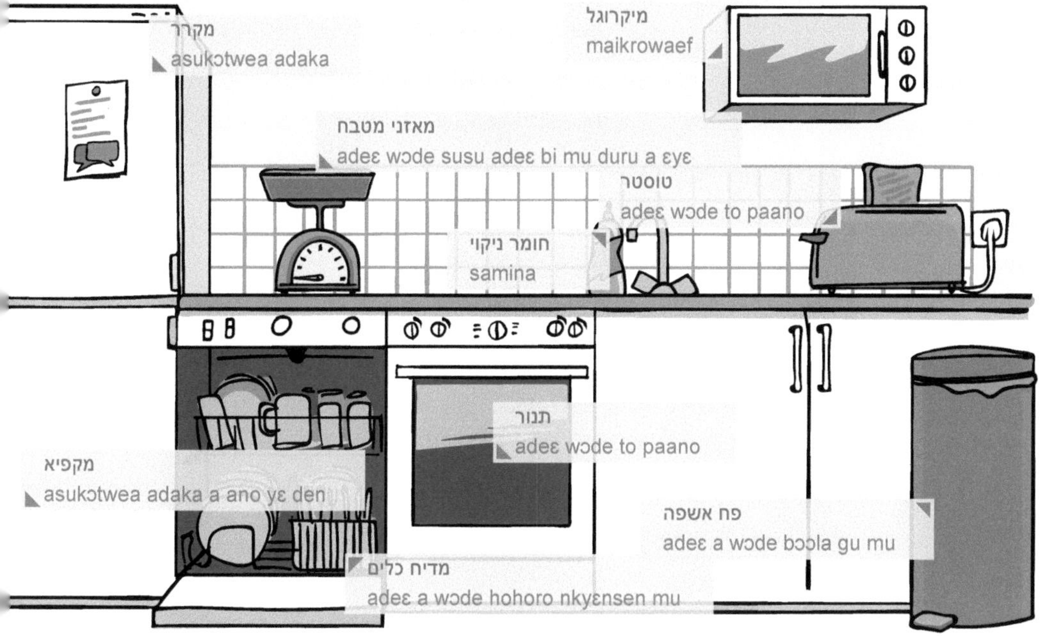

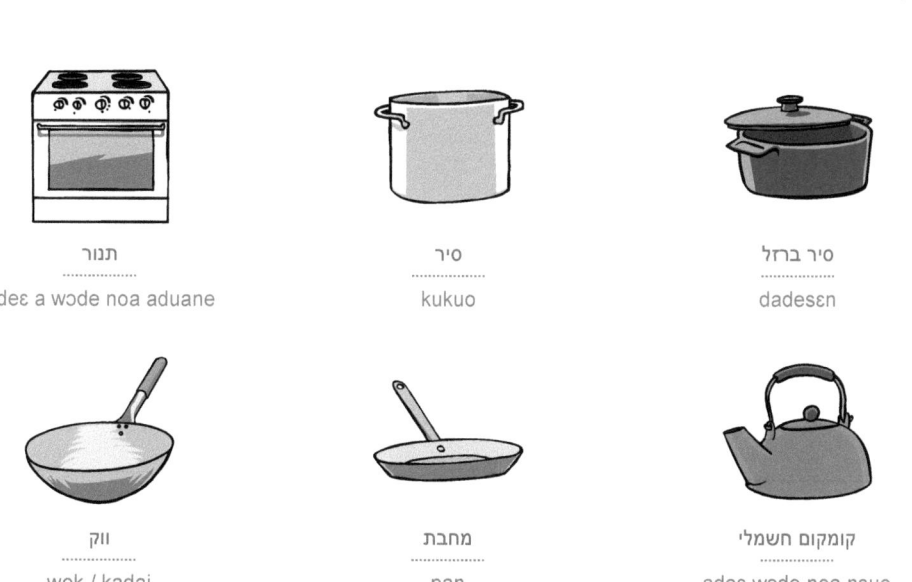

מקרר
asukɔtwea adaka
מיקרוגל
maikrowaef
מאזני מטבח
adeɛ wɔde susu adeɛ bi mu duru a ɛyɛ
טוסטר
adeɛ wɔde to paano
חומר ניקוי
samina
תנור
adeɛ wɔde to paano
מקפיא
asukɔtwea adaka a ano yɛ den
פח אשפה
adeɛ a wɔde bɔɔla gu mu
מדיח כלים
adeɛ a wɔde hohoro nkyɛnsen mu

תנור
....
adeɛ a wɔde noa aduane

סיר
....
kukuo

סיר ברזל
....
dadesɛn

ווק
....
wok / kadai

מחבת
....
pan

קומקום חשמלי
....
adeɛ wɔde noa nsuo

מאדה

nea yɛde ka aduane hye

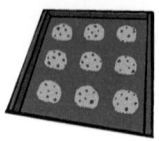

מגש אפייה

adeɛ wɔto so paano

כלי אוכל

nkyɛnsen a wɔdidi mu

ספל

kuruwa

קערה

kyɛnsen

צ'ופסטיקס

nnua a wɔde didie

מצקת

kwantere

מרית

atere

מטרפה

adeɛ wɔde nu adeɛ mu

מסננת בישול

sɔneɛ

מסננת

sɔneɛ

מגרדת

adeɛ a wɔde twi adeɛ

מכתש

waduro

גריל

adeɛ a wɔde toto nam

מדורה

egya a biribiara mmɔ ho ban

קרש חיתוך

adeɛ a wɔtwitwa so nnɔɔma

מערוך

adea wɔde twi nnɔɔma

פותחן פקקים

adeɛ a wɔde tu toa ano

פחית

konku

פותחן קופסאות

adeɛ wɔde bie konku so

מטלית

nea yɛde sɔ kukuo mu

כיור

adeɛ a wɔhohoro nkyɛnse
wɔ mu

מברשת

adeɛ a wɔde twitwi

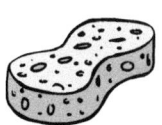

ספוג

sapɔ

בלנדר

afidie wɔde yam nnuane

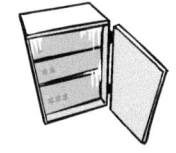

מקפיא

asukɔtwea adaka a ano yɛ
den

בקבוק לתינוק

abɔfra toa

ברז

nsuo

חדר אמבטיה

adwareɛ

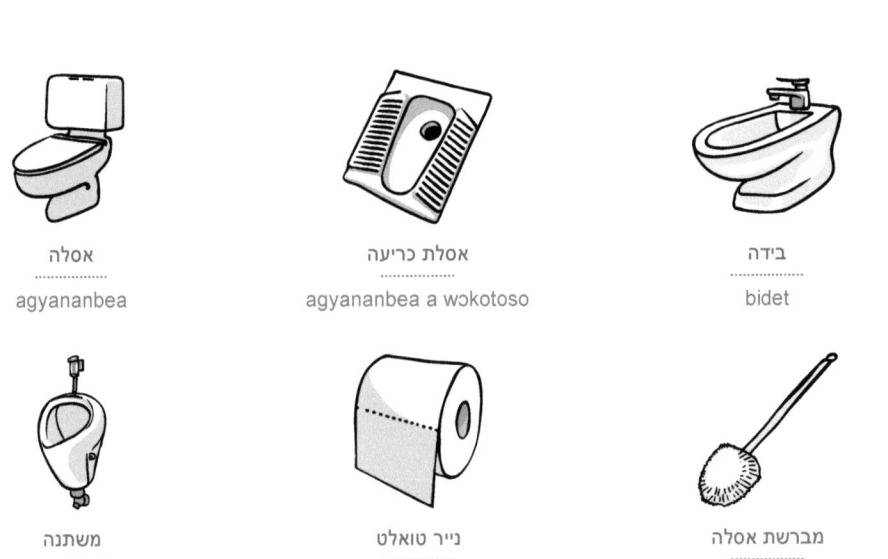

חימום
reka no hye
מגבת
taworo
מקלחת
adwareɛ
וילון מקלחת
adwareɛ twamutam
אמבטיית קצף
redware wɔ ahuro mu
אמבטיה
adeɛ wɔda mu de dware
כוס
ahwehwɛ
מכונת כביסה
afidie a wɔde si nnoɔma
ברז
nsuo
אריחים
tiles
סיר לילה
kuruwaba
כיור
adeɛ a wɔhohoro nkyɛnse wɔ mu

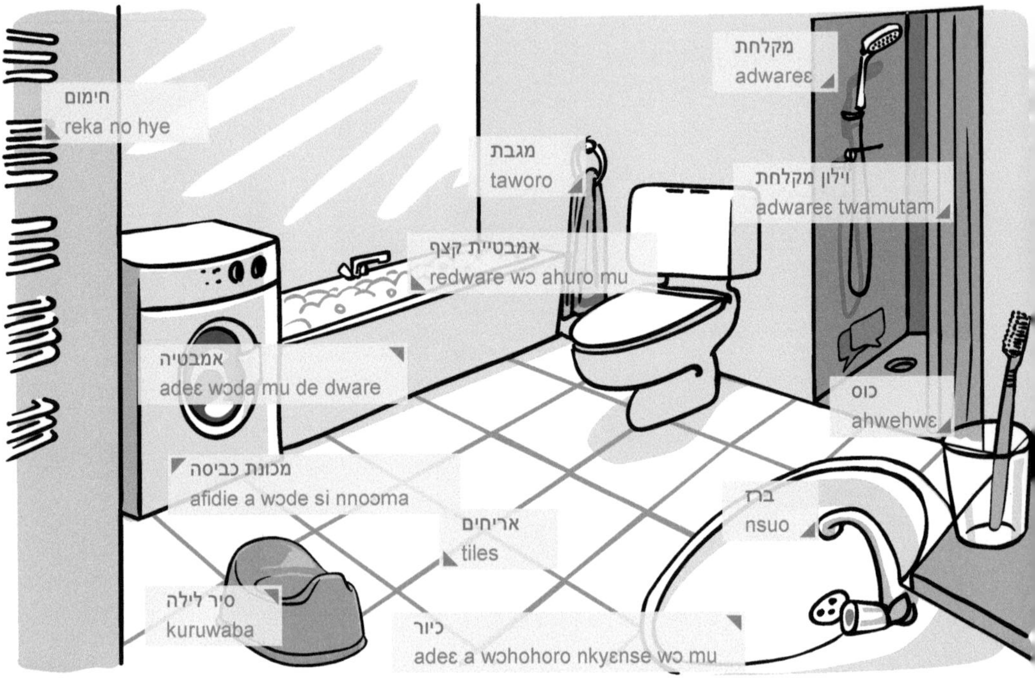

אסלה
agyananbea

אסלת כריעה
agyananbea a wɔkotoso

בידה
bidet

משתנה
dwonsɔbea

נייר טואלט
tiafi krataa

מברשת אסלה
adeɛ a wɔde twitwi agyanbea

מברשת שיניים

adeɛ wɔde twitwiri ɛse

משחת שיניים

aduro wɔde twitwiri ɛse

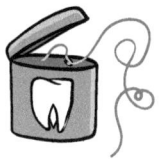

חוט דנטלי

adeɛ wɔde yiyi ɛse ntam

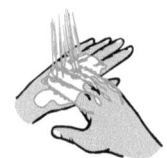

שטף

si

מקלחת יד

adeɛ wɔsɔ mu de dware

צינור שטיפה לשירותים

adeɛ nsuo fa mu na wɔde
hohoro mmaa ase

קערת רחצה

adeɛ wɔsi nnoɔma wɔ mu

מברשת גב

adeɛ wɔde twitwi yakyi

סבון

samina

ג'ל רחצה

adwareɛ samina

שמפו

deɛ wɔde hohoro tirinwii mu

ליפה

ntoma wɔde asaawa na ayɛ

ניקוז

nsuokwan

קרם

nkuu

דיאודורנט

aduro a wɔde fa mmɔtoamu

מראה

ahwehwɛ

מראת יד

ahwehwɛ kumaa

סכין גילוח

yiwan

קצף גילוח

aduro a wɔde yi

אפטרשייב

aduro a wɔde sera beaɛ wayi

מסרק

afe

מברשת

brɔsh

מייבש שיער

afidie a wɔde ka nwii ma no wo

ספריי לשיער

adeɛ wɔde aduro gu mu de gu nwii so

איפור

adeɛ wɔde yɛn wɔn anim

שפתון

adeɛ wɔde keka ano

לק

aduro a wɔde ka mmɔwerɛ so

צמר גפן

asaawa

מספריים לציפורניים

apasoɔ a wɔde twitwa mmɔwerɛ

בושם

aduham

תיק כלי רחצה

baage a wɔde nnɔɔma gu
mu wɔ adwareɛ

שרפרף

akonwa

משקל

afidie a wɔde susu adeɛ bi
mu duro

חלוק רחצה

ataadeɛ wɔhyɛ berɛ a
wɔrekɔdware

כפפות גומי

adeɛ wɔde hyɛ wɔn nsa a
wɔde rɔba na ayɛ

טמפון

adeɛ wɔde twe nsuo firi
pirakuro mu

תחבושת סניטרית

deɛ mmaa de siesie wɔn ho
berɛ wɔn nɔw aḅu wɔn nsa

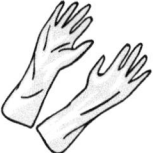

שירותים כימיקליים

agyananbea a wɔde nnuro
kora

חדר ילדים

abɔfra dan mu

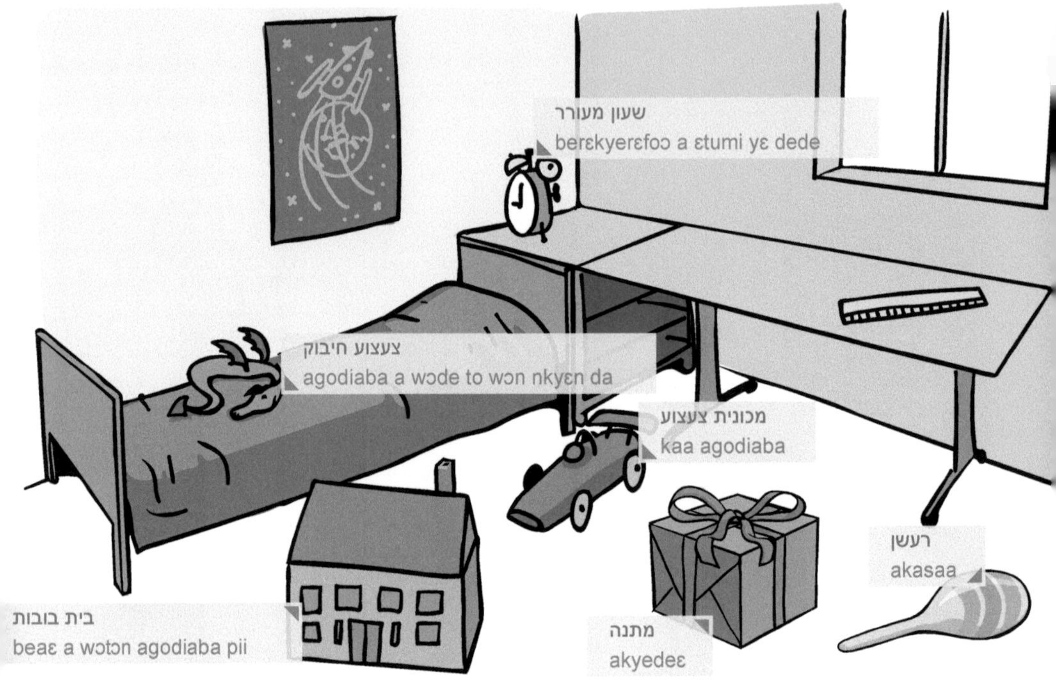

שעון מעורר
berɛkyerɛfoɔ a ɛtumi yɛ dede
צעצוע חיבוק
agodiaba a wɔde to wɔn nkyɛn da
מכונית צעצוע
kaa agodiaba
רעשן
akasaa
בית בובות
beaɛ a wɔtɔn agodiaba pii
מתנה
akyedeɛ

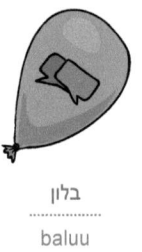

בלון

baluu

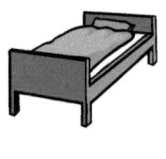

מיטה

mpa

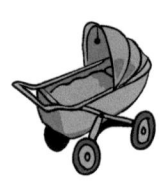

עגלה

adeɛ a wɔde mmɔfra to mu pia wɔn

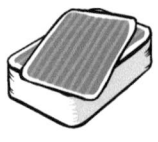

משחק קלפים

nkrataa a ɛhyɛ adaka mu

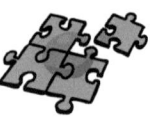

פאזל

mfonin asiniasini a wɔkeka si ani hyehyɛ

SUPER
MEGA

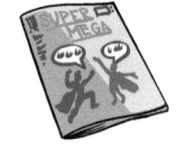

קומיקס

mmɔfra aseresɛm nwoma

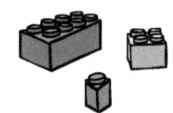

לגו

lego bricks

קוביות משחק

blɔks a wɔde si dan

דמות משחק

mmɔfra agodiaba

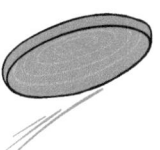

סרבל תינוקות

cba ayɛwc a edaatɛ arfcmm
mu

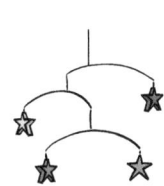

פריזבי

frisbee

נייד

agodiaba a wɔde sensɛne
mmɔfra mpa so

משחק לוח

agorɔ a ɛwɔ pono so

קוביה

ludu aba

רכבת צעצוע

ketekye ketewa

מוצץ

adeɛ a wɔde hyɛ mmɔfra
anumu

מסיבה

apontoo

אלבום תמונות

krataa mfonin wɔ mu

כדור

bɔɔlɔ

בובה

agodiaba

שיחק

di agorɔ

ארגז חול

adeɛ wɔde anwea agu mu a
mmɔfra di mu agorɔ

נדנדה

adonko

צעצועים

agodiaba

קונסולת משחקים

afidie abɛɛfo agodie wɔ so a
ɔdwo

אופניים תלת גלגלי

dadepɔnko a ne nan yɛ
mmiensa

דובון

sisire agodiaba

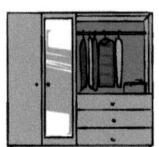

ארון בגדים

wɔdrop

בגדים

ataadeɛ

גרביים

adeɛ a wɔhyɛ ansa na
wahyɛ mpaboa

גרביונים

ataade tenten a wɔhyɛ wɔ
oh wɔn nan ho

גרביון

ataadeɛ a ɛkyekyere deɛ
wahyɛ no

צעיף
duku

מטריה
kyiniɛ

חולצת טי
atadeɛ

חגורה
abɔɔmu

מגפיים
mpaboa

נעלי בית
mpaboa

נעלי ספורט
mpaboa

סנדלים	נעליים	מגפי גומי
mpaboa	mpaboa	rɔba mpaboa

תחתונים	חזייה	וסט
drɔs	adeɛ mmaa hyɛ de kora wɔn nufu	fɛst

גוף

nipadua

מכנסיים

trɔsa

ג'ינס

gyins

חצאית

skɛɛte

חולצה מכופתרת

mmaa ataade soro

חולצה

ataadesoro

אפודה

swata

סווצ'ר עם קפוצ'ון

ataadeɛ a ɛkyɛ wɔ mu

בלייזר

kootu

ז'קט

ataade ngusoɔ

מעיל

kootu

מעיל גשם

ataadeɛ wɔhyɛ berɛ nsuo
retɔ

תלבושת

ataadehyɛ

שמלה

ataadeɛ

שמלת כלה

ayifrɔ atadeɛ

חליפה
ataade nkatasɔɔ

כותונת לילה
ataadeɛ a yɛhyɛ de da

פיג'מה
pigyamas

סארי
sari

מטפחת ראש
duku

טורבן
duku

בורקה
ataadeɛ Nkramofoɔ mmaa
hyɛ na ɛkata wɔn tiri so de
kɔsi wɔn naɲ ase

קאפטן
kaftan

עבאיה
abaya

בגד ים
ataadeɛ a wɔhyɛ de dware
nsuo mu

בגד ים
nika

מכנסיים קצרים
nika

בגד אימון
traksuit

סינר
ntoma a wɔde kata wɔn
kɔnmu berɛ wɔreyɛ aduane

כפפות
adeɛ wɔde hyɛ wɔn nsa

כפתור

batin

משקפיים

ahwehwɛniwa

צמיד יד

adeɛ wɔde to wɔn nsa

שרשרת

kɔnmuade

טבעת

kawa

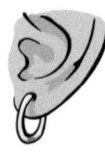

עגיל

asomadeɛ

כובע

ɛkyɛ

קולב

so aʒyɛ a wɔde kootu hyɛ so

כובע

ɛkyɛ

עניבה

abɔɔmenemu

רוכסן

zip

קסדה

ɛkyɛ a wɔhyɛ de twi
motosakre

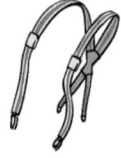

כתפיות

bresis

תלבושת בית ספר

sukuu ataadeɛ

מדים

ataadeɛ

מפית אוכל

adeɛ a wɔde gu abɔfra kɔn
mu berɛ a wɔredidi

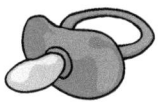

מוצץ

afoan a wɔde hyɛ mmɔfra
anumu

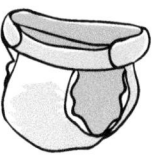

חיתול

moase tam

משרד

ɔfise

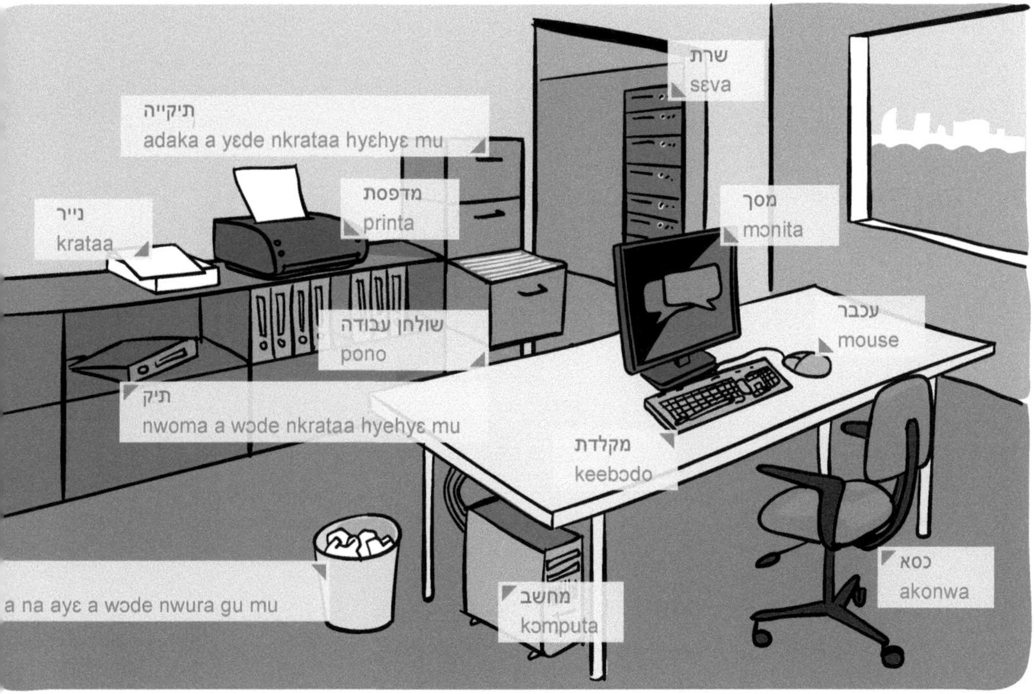

תיקייה
adaka a yɛde nkrataa hyɛhyɛ mu

שרת
sɛva

נייר
krataa

מדפסת
printa

מסך
mɔnita

שולחן עבודה
pono

עכבר
mouse

תיק
nwoma a wɔde nkrataa hyɛhyɛ mu

מקלדת
keebɔdo

a na ayɛ a wɔde nwura gu mu

מחשב
kɔmputa

כסא
akonwa

ספל קפה

kɔfe kuruwa

מחשבון

afidie a wɔde bu nkonta

אינטרנט

intanɛt

מחשב נייד

laptop

מכתב

krataa

הודעה

nkratɔɔ

נייד

mobile

רשת

nɛtwɛk

מכונת צילום

fotokɔpia

תוכנה

sɔftwɛɛ

טלפון

tetefon

שקע

plɔg sɔkɛti

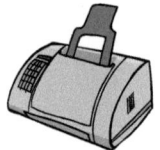

פקס

fax afidie

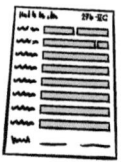

טופס

krataa

מסמך

krataa

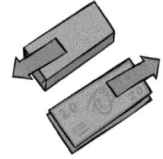

קנה

tↄ

שילם

tua

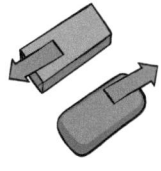

סחר

tↄn

כסף

sika

דולר

dollar

יורו

euro

ין

yen

רובל

rouble

פרנק שווייצרי

Swiss franc

יואן רנמינבי

renminbi yuan

רופי

rupee

כספומט

sikabea

המרת מטבע

baabi aa yɛsesa

זהב

sikakɔkɔɔ

כסף

dwetɛ

נפט

ngo

אנרגיה

ahoɔden

מחיר

ne boɔ

חוזה

nteaseɛ a ɛwɔ krataa so

מס

cɔtoɔ

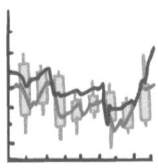

מנייה

stock

עבד

yɛ adwuma

עובד

odwumayɛni

מעסיק

obi a wafa obi adwumamu

מפעל

afidihyehyɛbea

חנות

beaɛ a wɔtɔn adeɛ

מקצועות
nnwuma ahodoɔ

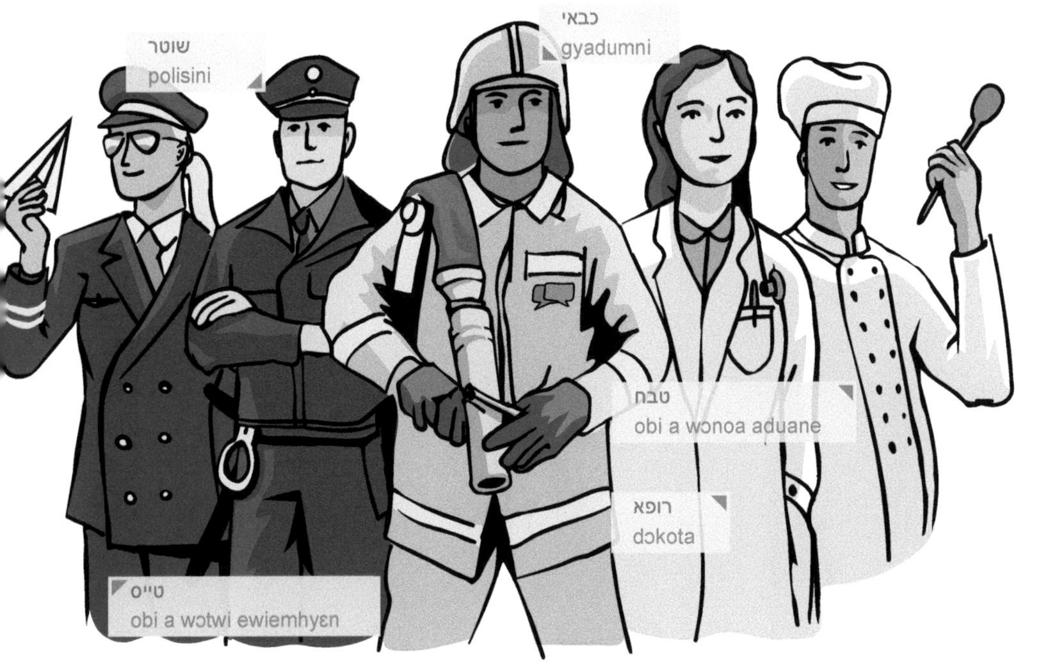

שוטר
polisini
כבאי
gyadumni
טבח
obi a wɔnoa aduane
רופא
dɔkota
טייס
obi a wɔtwi ewiemhyɛn

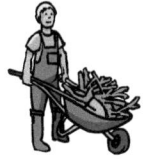

גנן

kuani

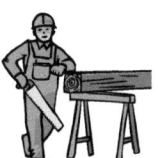

נגר

nnuaseni

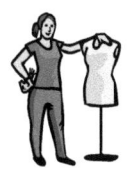

תופרת

ɔbaa a wɔpam adeɛ

שופט

otɛnmuani

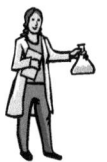

כימאי

dufrani

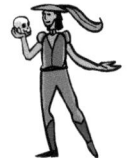

שחקן

siniyifoɔ

נהג אוטובוס

hyɛnkani

נהג מונית

taxi drɔba

דייג

ɔfarifo

עובדת נקיון

ɔbaa wɔpopa beaɛ

מתקן גגות

obi a wɔbɔ dan so

מלצר

barima a wɔsom wɔ beaɛ a
wɔtɔn aduane

צייד

ɔbɔmɔfo

צייר

obi wɔde akaado keka ɛden
ne nnoɔma aka ho

אופה

brodotofo

חשמלאי

obi a wɔyɛ nkaneɛ ho
adwuma

עובד בניין

dansifo

מהנדס

obi a wɔyɛ mfidie akɛseɛ ho
adwuma

קצב

namtɔnfo

אינסטלטור

obi a wɔhyehyɛ drobɛn a
nsuo fa mu

דוור

obi a wɔde nkrataa a
ɔn amanfoɔ atwerɛ soma no

חייל

ɔsrani

אדריכל

obi a wɔyɛ adansie ho adwuma

קופאי

obi a wɔhwɛ sika so

מוכר פרחים

obi a wotɔn nhwiren

ספר

obi a wɔyɛ tire

כרטיסן

deɛ wɔgyegye sika wɔ ɛhyɛn mu

מכונאי

obi a wɔsiesie ɛhyɛn

קברניט

panin

רופא שיניים

dɔkota a wɔhwɛ se

מדען

abodeɛmu nyasapɛni

רב

ɔkyerɛkyerɛni

אימאם

imam

נזיר

monk

כומר

sofo

כלי עבודה
akadeɛ

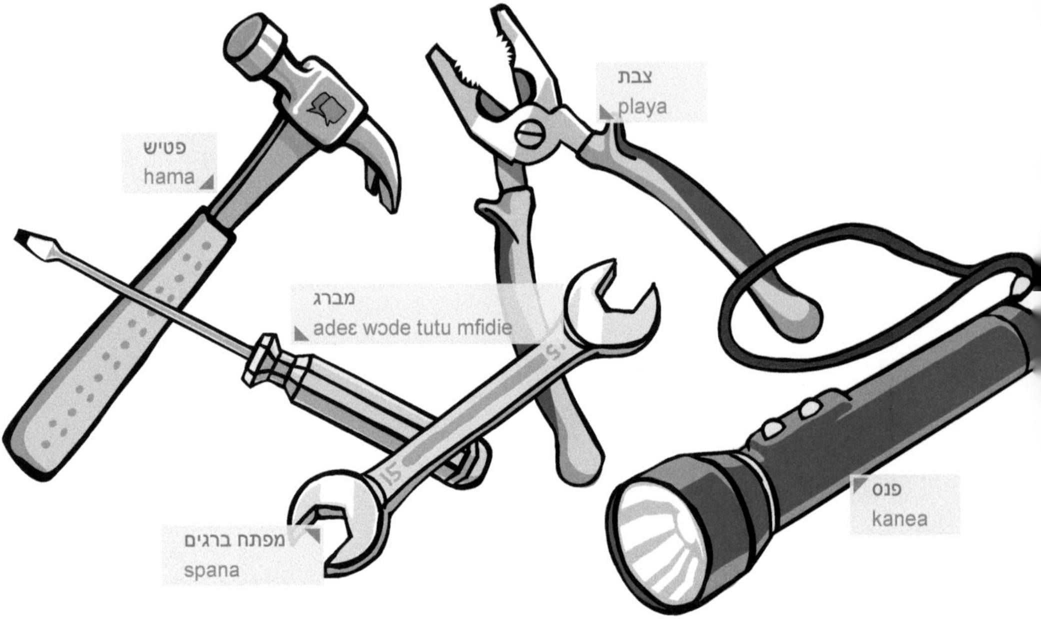
פטיש
hama
צבת
playa
מברג
adeɛ wɔde tutu mfidie
מפתח ברגים
spana
פנס
kanea

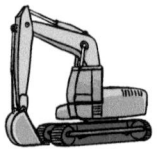

דחפור

afidie a wɔde tu fam

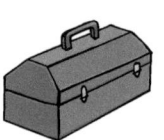

ארגז כלים

adaka a wɔde nnoɔma a wɔde yɛ adwuma gu mu

סולם

atwedeɛ

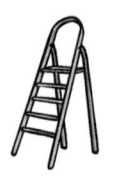

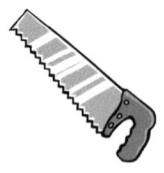

מסור

sradaa

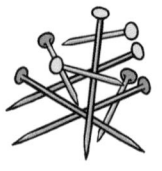

מסמרים

nnadowa

מקדחה

afidie a wɔde mmia nnoɔma mu

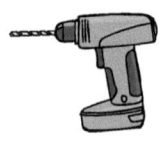

תיקון
siesie

את חפירה
sɔfi

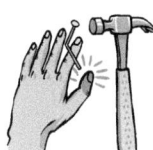

לעזאזל!
Yieee!

יעה
asesa nwura

פח צבע
akaado kora

ברגים
dadeɛ wɔde bobɔ nnoɔma
mu

כלי נגינה
mfidie a wɔde bɔ nnwom

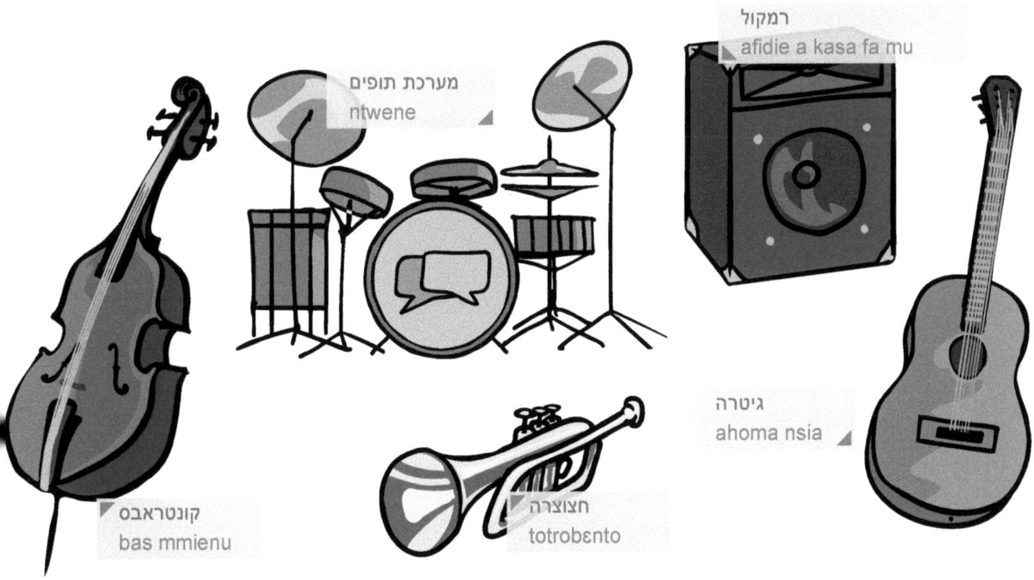

מערכת תופים
ntwene

רמקול
afidie a kasa fa mu

גיטרה
ahoma nsia

קונטראבס
bas mmienu

חצוצרה
totrobɛnto

פסנתר

sankuo

כינור

sankuo

בס

ahoma nsia

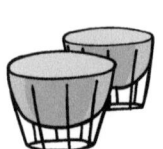

תוף הדוד

timpani

תופים

ntwene

מקלדת פסנתר

sankuo

סקסופון

sasofon

חליל

trobɛnto

מיקרופון

akasanoma

גן חיות
mmoakurabea

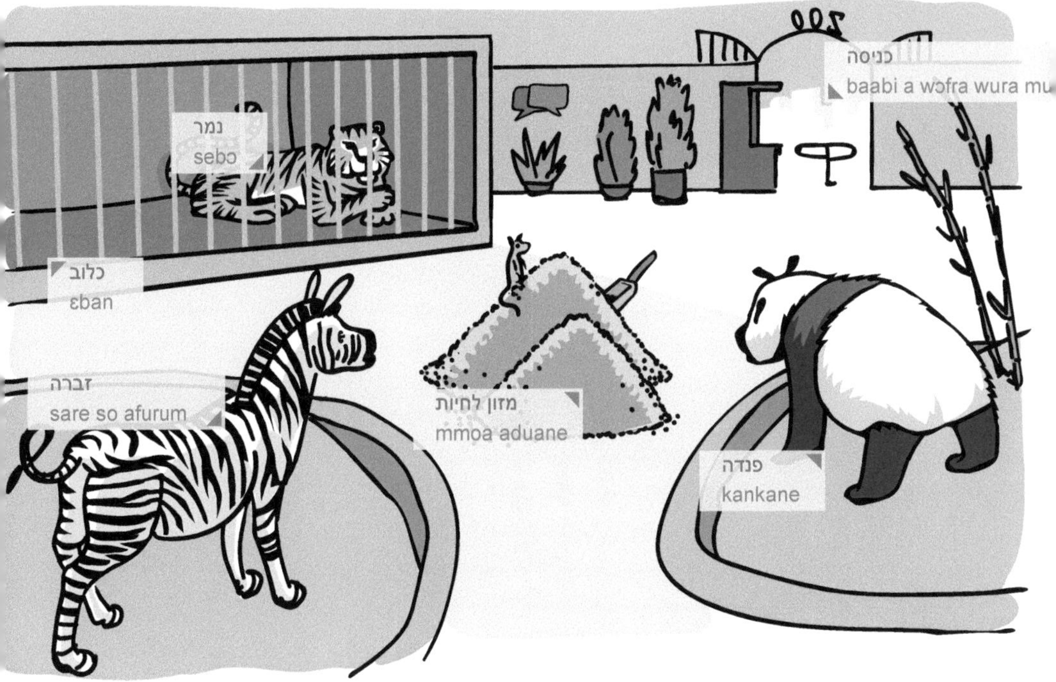

כניסה
baabi a wɔfra wura mu
נמר
sebɔ
כלוב
ɛban
זברה
sare so afurum
מזון לחיות
mmoa aduane
פנדה
kankane

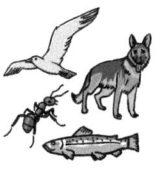

בעלי חיים

mmoa

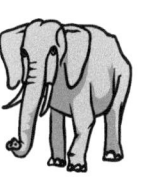

פיל

ɔsono

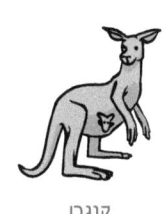

קנגרו

kangaroo

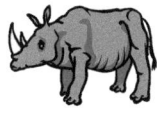

קרנף

bɛnkorɔ

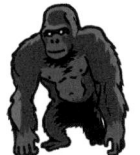

גורילה

akaatia

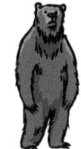

דוב

sisire

גמל

yoma

יען

sohori

אריה

gyata

קוף

kontromfi

פלמינגו

asukɔnkɔn

תוכי

ako

דוב הקרח

sisire

פינגווין

penguin

כריש

oboodede

טווס

kohaa

נחש

ɔwɔ

תנין

dɛnkyɛm

שומר גן החיות

mmoasohwɛfo

כלב ים

sukraman

יגואר

sebɔ

סוס פוני

pɔnkɔ ketewa

לאופרד

etwie

היפופוטאם

susono

ג'ירפה

kontenten

נשר

ɔkɔdeɛ

חזיר בר

kɔkɔte

דג

nsuomunam

צב

sudanda

סוס ים

sukraman

שועל

sakraman

איילה

adowa

פוטבול אמריקאי
Amerika bɔɔlo

רכיבת אופניים
dadeponkɔ twie akansie

טניס
tɛnɛs

כדורסל
baskɛtbɔɔlo

שחיה
nsuo dwareɛ

הוקי
hɔki a wɔbɔ no wɔ asukɔt

אגרוף
akutrukubɔ

כדורגל
bɔɔlo

בדמינטון
badminton

אתלטיקה
mmirikatuo

כדור-יד
nsa bɔɔlo

עשה סקי
asukɔtwea so agorɔ

פולו
polo

קפץ
huri

צחק
sre

חיבק
fam

הלך
nante

שר
to nwom

חלם
so daeɛ

התפלל
bɔ mpaeɛ

נשק
fe ano

כתב
twerɛ

צייר
dwidwi

הראה
kyerɛ

דחף
pia

נתן
ma

לקח
fa

יש / להיות הבעלים

gye

עשה

yɛ

היה

yɛ

עמד

gyina

רץ

tu mirika

משך

twe

זרק

to

נפל

tɔ fam

שכב

twa ntoro

חיכה

twɛn

סחב

soa

ישב

tena ase

התלבש

hyɛ atadeɛ

ישן

da

התעורר

sɔre

הסתכל ב-

hwɛ

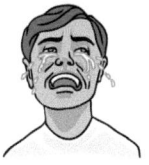

בכה

su

ליטף

fa wo nsa fefa ho

סירק

nunu wotirim

דיבר

kasa

הבין

te aseɛ

שאל

bisa

שמע

tie

שתה

nom

אכל

didi

סידר

siesie

אהב

dɔ

בישל

noa

נהג

ka kaa

עף

tu

שט

ka

חישב

bo ho nkonta

קרא

kan

למד

sua

עבד

yɛ adwuma

התחתן

ware

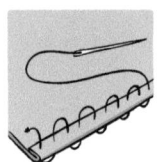

תפר

pam

ציחצח שיניים

twitwi wo se

הרג

kum

עישן

hye

שלח

soma

משפחה

abusua

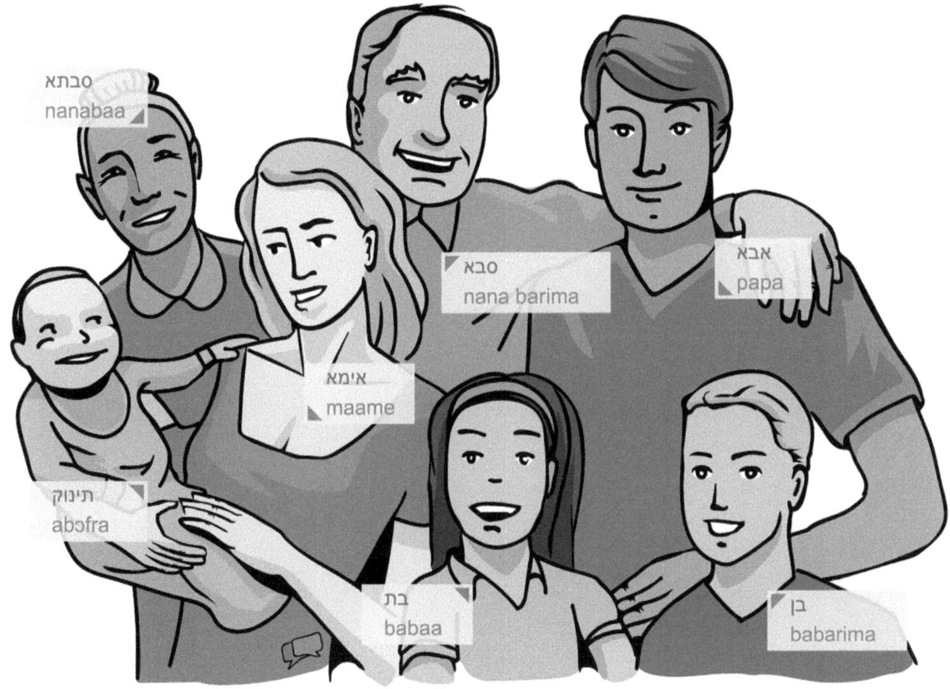

סבתא
nanabaa
סבא
nana barima
אבא
papa
אימא
maame
תינוק
abɔfra
בת
babaa
בן
babarima

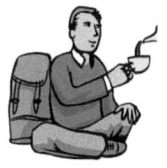

אורח
....
ɔhɔhoɔ

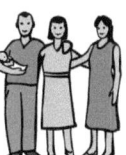

דודה
....
sewaa

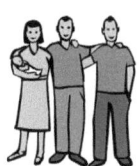

דוד
....
wɔfa

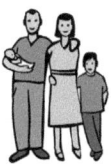

אח
....
nua barima

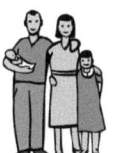

אחות
....
nuabaa

גוף

nipadua

מצח
moma
עין
ani
כתף
abatire
אצבע
nsatea
פנים
anim
סנטר
abodweɛ
כף יד
nsa
רגל
nan
חזה
nufuoɔ
זרוע
abasa

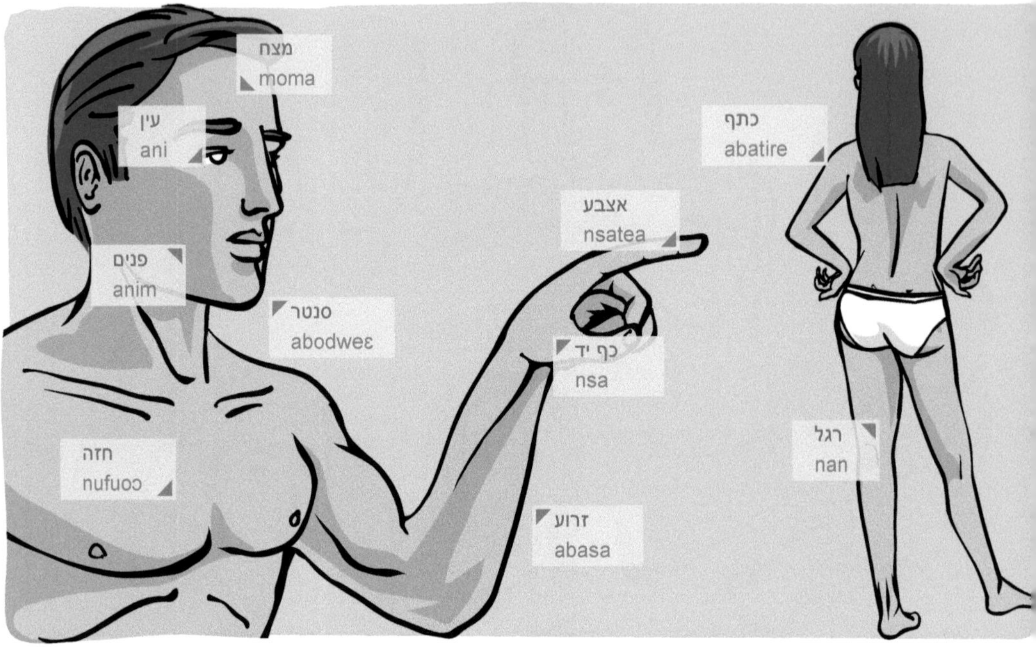

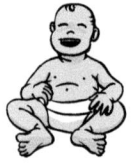

תינוק

abɔfra

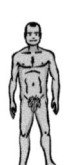

איש

barima

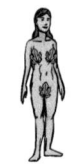

אישה

ɔbaa

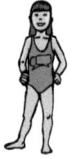

ילדה

abaayewa

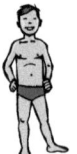

ילד

abarimaa

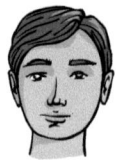

ראש

ɛtire

גב

akyi

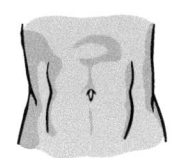

בטן

yafunu

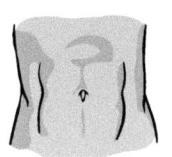

טבור

furuma

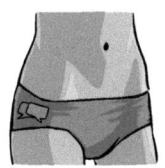

אצבע

nansoa

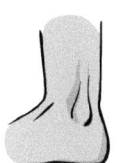

עקב

nantini

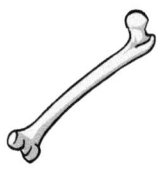

עצם

dompe

ירך

sisi

ברך

kotodwe

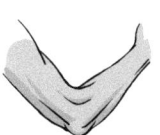

מרפק

abatwerɛ

אף

hwene

עכוז

cotɔ

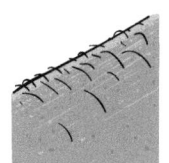

עור

wedeɛ

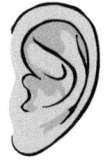

לחי

afono

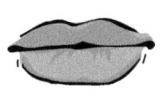

אוזן

aso

שפתיים

ano

פה
ano

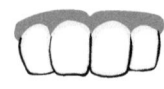

שן
ɛse

לשון
tɛkyerɛma

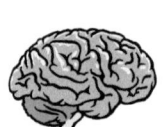

מוח
adwene

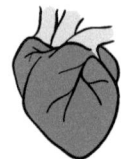

לב
akoma

שריר
honam

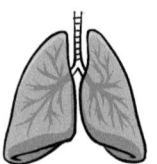

ריאה
ahrawa

כבד
brɛbɔɔ

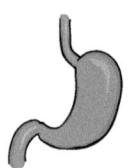

קיבה
afuro

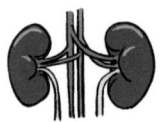

כליות
sawa

מין
barima ne ɔbaa nna mu
nhyiamu

קונדום
kɔndɔm

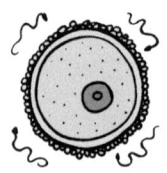

ביצית
nkosua a ɛwɔ obaa mu

זרע
barima ho nsuo

הריון
nyinsɛn

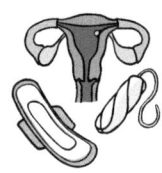

ווסת

brayɔ

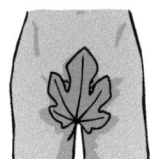

נרתיק

ɛtwɛ

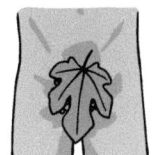

פין

kɔteɛ

גבה

aniakyi nwii

שיער

nwii

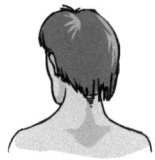

צוואר

kɔn

בית חולים
asopiti

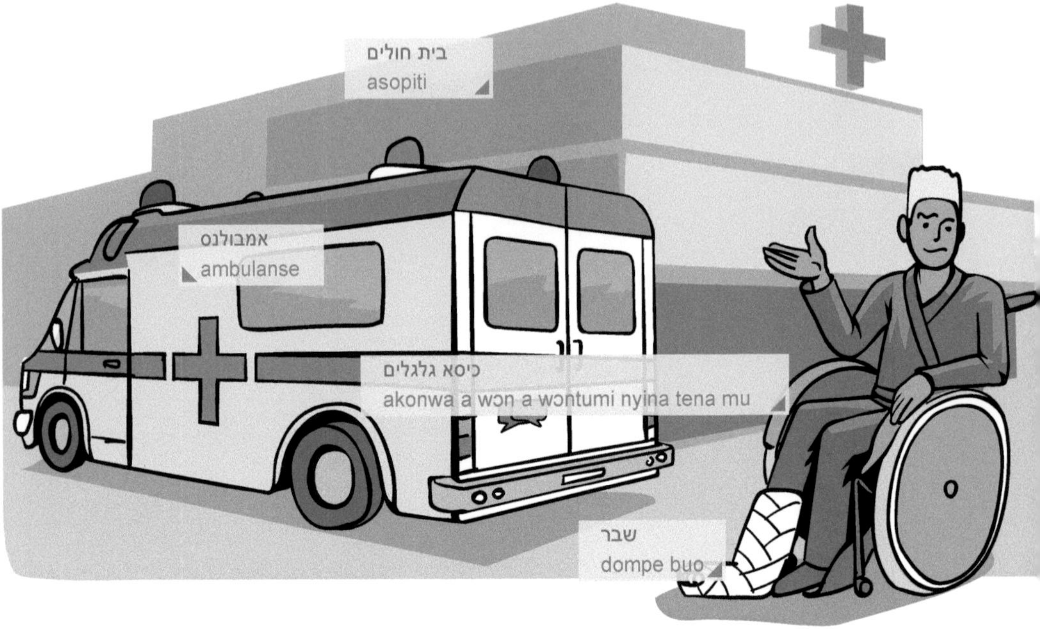

בית חולים
asopiti
אמבולנס
ambulanse
כיסא גלגלים
akonwa a wɔn a wɔntumi nyina tena mu
שבר
dompe buo

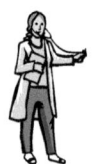

רופא

dɔkota

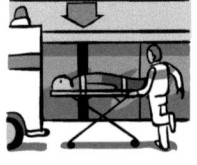

חדר מיון

εdan a wɔde wɔn a wɔn apira kɔ mu kɔhwε wɔn ɔhare so

אחות

nεεse

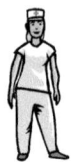

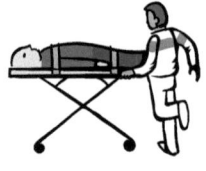

חירום

putupru

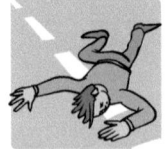

חסר הכרה

fenti

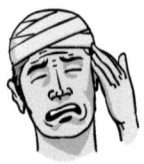

כאב

yaw

פציעה

pira

דימום

mogyatuo

התקף לב

akoma yareɛ

שבץ

nwodwoɔ yareɛ

אלרגיה

adeɛ wo honam mpɛ

שיעול

ɛwa

חום

ahoɔhyeɛ

שפעת

papu

שלשול

ayɛmhwie

כאב ראש

tiripayɛ

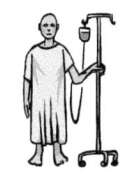

סרטן

kokoram

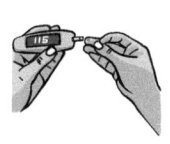

סוכרת

asikyire yareɛ

מנתח

dɔkotani wɔpaepae obi sa no yareɛ

אזמל

sekamma

ניתוח

repaepae obi ho asa no yareɛ

סי-טי

CT

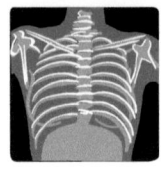

רנטגן

x-ray

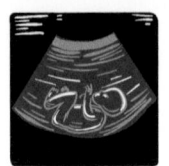

אולטרסאונד

mfonin a wɔtwa de hwɛ
awodeɛ mu

מסיכת פנים

anim nkatadeɛ

מחלה

yareɛ

חדר המתנה

dan aa yɛtwɛn wɔ mu

קבה

klɔkye

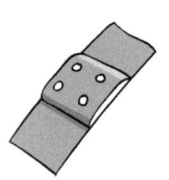

פלסטר

plasta

תחבושת

bandege

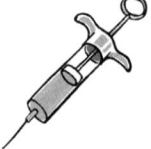

זריקה

paneɛ

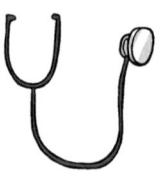

סטטוסקופ

afidie a wɔde tie dede wɔ
nnipa ho

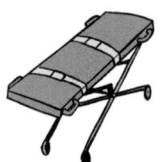

אלונקה

mpa

מד חום

afidie wɔde hwɛ ahoɔhyeɛ

לידה

ɔwoɔ

עודף משקל

kɛseyɛ mmorosoɔ

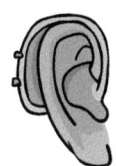

מכשיר שמיעה

afidie a ɛboa ma obi te
asɛm yie

מחטא

aduro a wɔde ko tia
yaremmoa bateria

זיהום

yareɛ nsaeɛ

נגיף

yaremmoawa

איידס

HIV / AIDS

תרופה

aduro

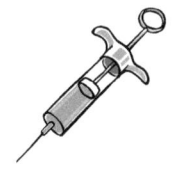

חיסון

nsianoaduru paneɛwɔ

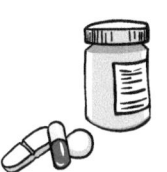

טבליות

nnuro a wɔmene

גלולה

aduro a wɔmene

קריאת חירום

putupru frɛ

מד לחץ דם

afidie a wɔde hwɛ sɛdeɛ
mogya di aforosane

חולה / בריא

yareɛ / ahuɔden

הצילו! | אזעקה | פשיטה
Boa me! | alam | repira obi

תקיפה | סכנה | יציאת חירום
to hyɛ biribi so | amaneɛ | kwan a wɔfa so pue berɛ asɛm asi putupuru

אש! | מטף כיבוי | תאונה
Egya! | adeɛ a wɔde dum gya | akwanhyia

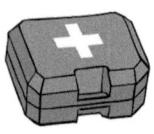

ערכת עזרה ראשונה | הצילו! | משטרה
mmoa a edikan akadeɛ | SOS | polisi

אירופה

Europe

צפון אמריקה

North America

דרום אמריקה

South America

אפריקה

Africa

אסיה

Asia

אוסטרליה

Australia

האוקיינוס האטלנטי

Atlantic

האוקיינוס השקט

Pacific

האוקיינוס ההודי

Indian Ocean

האוקיינוס האנטרקטי

Antartic Ocean

האוקיינוס הארקטי

Arctic Ocean

הקוטב הצפוני

North Pole

הקוטב הדרומי

South Pole

אנטארקטיקה

Atartica

כדור הארץ

Ewiase

אדמה

asaase

ים

ɛpo

אי

ɛpoano

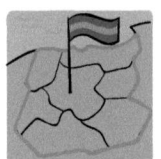

לאום

ɔman

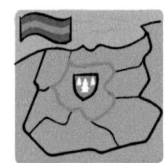

מדינה

ɔman

פני השעון

mmerɛ kyerɛfoɔ no anim

מחוג השעות

dɔnhwere nsa

מחוג הדקות

sima nsa

מחוג השניות

anitɛtɛ nsa

?מה השעה

Abɔ sɛn?

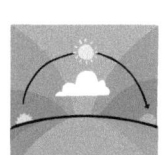

יום

da

זמן

mmerɛ

עכשיו

seisei ara

שעון דיגיטלי

abɛɛfo mmerɛ kyerɛfoɔ

דקה

sima

שעה

dɔnhwere

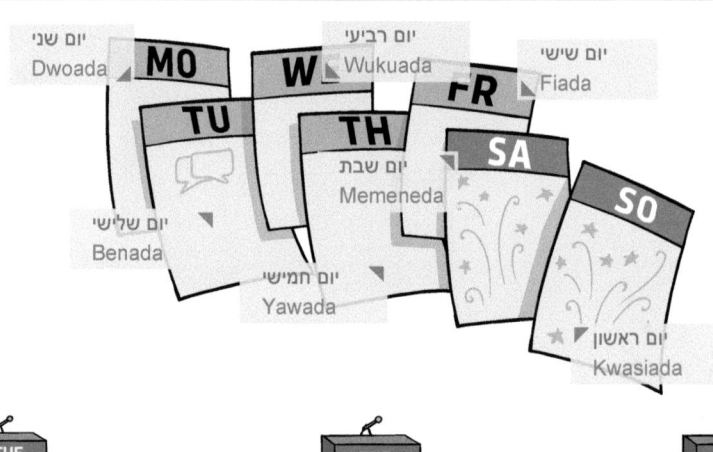

יום שני
Dwoada

יום רביעי
Wukuada

יום שישי
Fiada

יום שלישי
Benada

יום שבת
Memeneda

יום חמישי
Yawada

יום ראשון
Kwasiada

אתמול
....
ɛnora

היום
....
nnɛ

מחר
....
ɔkyena

בוקר
....
anɔpa

צהריים
....
awia

ערב
....
anwummerɛ

ימי עבודה
....
adwuma nna

סוף שבוע
....
nnawɔtwe awieɛ

שנה
afe

גשם
nsuo
קשת בענן
nyankontɔn
שלג
asukɔtwea
רוח
mframa
אביב
nsopitiemmere
סתיו
twaberɛ
קיץ
ahuhuberɛ
חורף
awɔberɛ

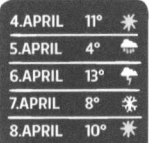

4.APRIL 11°
5.APRIL 4°
6.APRIL 13°
7.APRIL 8°
8.APRIL 10°

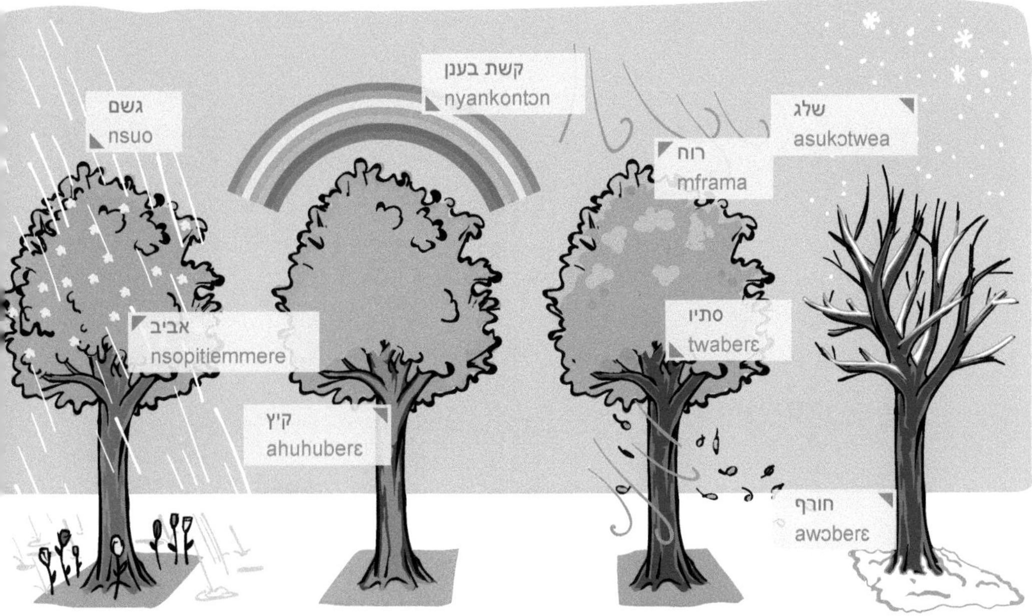

תחזית מזג האוויר

....

ewiemu nsesaeɛ

F C
120 40
90 30
60 20
30 10
0 0
-30 -10
-20

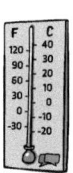

מד חום

....

afidie a wɔde hwɛ ahoɔhyeɛ

אור שמש

....

awiabɔ

ענן

....

munumkum

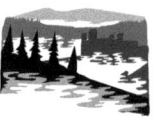

ערפל

....

ɛbɔ

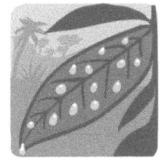

לחות

....

nsuo a ɛwɔ mframa mu

ברק

ayerɛmo

רעם

agradaa

סערה

nsuden ne mframa

ברד

sukɔtwea

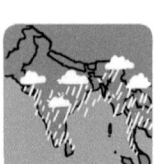

רוח עונתי

mframa a ɛde nsuo ba

שיטפון

nsuyiri

קרח

asukɔtwea

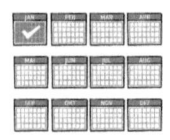

ינואר

□pɛpɔn

פברואר

□gyefɔɔ

מרץ

□bɛnem

אפריל

Oforisuo

מאי

Kotonimaa

יוני

Ayɛwohumumɔ

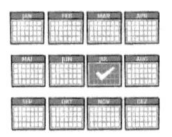

יולי

Kitawonsa

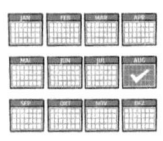

אוגוסט

□sanaa

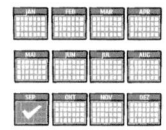

ספטמבר

ɛbɔ

אוקטובר

Ahinime

נובמבר

Obubuo

דצמבר

☐pɛnimaa

צורות
bɔbea

עיגול

kanko

מרובע

ahenanan

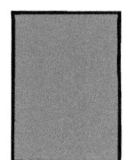

מלבן

fasene

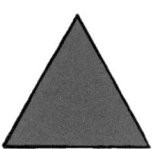

משולש

ahinasa

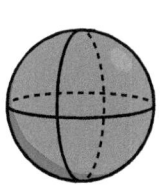

כדור

kanko

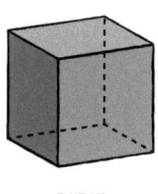

קובייה

ahenanan

לבן

fitaa

צהוב

akokɔsradeɛ

כתום

akokɔsradeɛ

ורוד

memen

אדום

ɔkɔkɔ

סגול

beredum

כחול

bibire

ירוק

ahabanmono

חום

dodoeɛ

אפור

nson

שחור

tuntum

הרבה / מעט

bebree / ketewa

כועס / רגוע

abufuo / brɛo

יפה / מכוער

fɛfɛɛfɛ / tantantan

התחלה / סוף

ahyɛaseɛ / awieɛ

גדול / קטן

kɛseɛ / ketewa

בהיר / כהה

ɛhyerɛ / ɛdum

אח / אחות

nua barima / nuabaa

נקי / מלוכלך

ɛho te / ɛfi

שלם / חלקי

wawie / onwieeyɛ

יום /לילה

anopa / anadwo

מת / חי

wawu / ɔtease

רחב / צר

emu bue/emu mmueɛ

אכיל / לא אכיל

yetumi di / yentumi nni

רשע / טוב לב

bɔne / papa

מתרגש / משועמם

anigyeɛ / w'ani nka

שמן / רזה

kɛseɛ / hwea

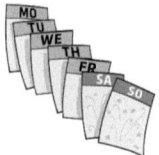

ראשון / אחרון

di kan / ka akyi

חבר / אויב

adanfo / atanfo

מלא / ריק

ayɛ ma / hwee nnimu

קשה / רך

dendenden / mrɛmrɛmrɛ

כבד / קל

emu ye duru / emu yɛ ha

רעב / צמא

mcɔkɔ / nsukɔm

חולה / בריא

yareɛ / ahuɔden

בלתי-חוקי / חוקי

ɛnfa mmrakwansoɔ /
mmrakwansoɔ

נבון / טיפש

nimdifoɔ / gyimifoɔ

שמאל / ימין

benkum / nifa

קרוב / רחוק

ɛbɛn / ɛmu ware

חדש / משומש

fofuro / dada

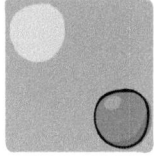

כלום / משהו

ɛnyɛ hwee / biribi

זקן / צעיר

panyin / abɔfra

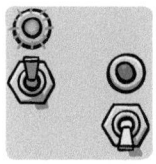

פעיל / כבוי

sɔ / dum

פתוח / סגור

bue / yatom

שקט / רועש

dinn / dede

עשיר / עני

sikani / ohiani

נכון / שגוי

papa / bɔne

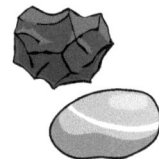

מחוספס / חלק

wewerɛwewerɛ / tromtrom

עצוב / שמח

awerehoɔ / anigye

קצר / ארוך

tiatia / tentene

איטי / מהיר

brɛoo / ntɛm

רטוב / יבש

afɔ / awo

חם / קר

ɛyɛ hye / adwo

מלחמה / שלום

ntɔkwa / asomdwoe

0	**1**	**2**
אפס	אחת	שתיים
ohunu	baako	mmienu

3	**4**	**5**
שלוש	ארבע	חמש
mmiensa	nan	num

6	**7**	**8**
שש	שבע	שמונה
nsia	nson	nwɔtwe

9	**10**	**11**
תשע	עשר	אחת-עשרה
nkron	du	du-baako

12
שתים-עשרה

du-mmienu

13
שלוש-עשרה

du-mmiensa

14
ארבע-עשרה

du-nan

15
חמש-עשרה

du-num

16
שש-עשרה

du-nsia

17
שבע-עשרה

du-nson

18
שמונה-עשרה

du-nwɔtwe

19
תשע-עשרה

du-nkron

20
עשרים

aduonu

100
מאה

ɔha

1.000
אלף

apem

1.000.000
מיליון

ɔpepe

אנגלית

Brofo kasa

אנגלית אמריקאית

Amerika Brɔfo

סינית מנדרינית

Chinese Mandarin

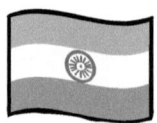

הודית

Hindi

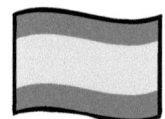

ספרדית

Spanish

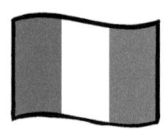

צרפתית

French

ערבית

Arabic

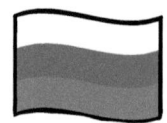

רוסית

Russian

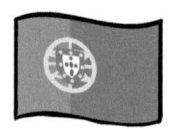

פורטוגזית

Portuguese

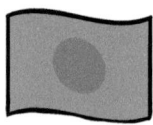

בנגלית

Bengali

גרמנית

German

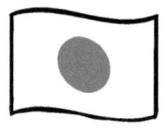

יפנית

Japanese

אני

me

אתה / את

wo

הוא / היא / זה

ɔno

אנחנו

yɛn

אתם

wo

הם

wɔn

מי?

hwan?

מה?

aden?

איך?

sɛn?

איפה?

ɛhefa?

מתי?

dabɛn?

שם

din

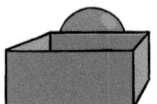

מאחור

n'akyi

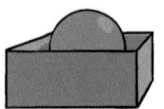

בתוך

εmu

לפני

minn n'anim wɔ

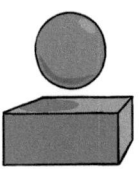

מעל

soro

על

so

מתחת

aseɛ

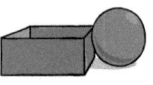

ליד

nkyene

בין

ntam

מקום

fa hyɛ